José Barrientos Rastrojo (ed.)

La filosofía a la sombra

**Resultados de investigación y experiencias
del proyecto BOECIO de filosofía aplicada en prisiones**

PETER LANG

**Información bibliográfica publicada por la
Deutsche Nationalbibliothek**

La Deutsche Nationalbibliothek recoge esta publicación en la Deutsche
Nationalbibliografie; los datos bibliográficos detallados están disponibles
en Internet en http://dnb.d-nb.de.

Catalogación en publicación de la Biblioteca del Congreso

Para este libro ha sido solicitado un registro en el catálogo CIP
de la Biblioteca del Congreso.

"Este libro ha sido financiado por el Fondo Europeo de Desarrollo Regional
(FEDER) y la Consejería de Economía, Conocimiento, Empresas
y Universidad de la Junta de Andalucía, dentro del Programa Operativo
FEDER 2014–2020" y como parte del proyecto "Estudio de la eficacia de la
Filosofía Aplicada en Prisión para el desarrollo de las virtudes dianoéticas
y éticas" (Ref. US-201800100015439).

UNIÓN EUROPEA
Fondo Europeo de
Desarrollo Regional (FEDER)
Una manera de hacer Europa

JUNTA DE ANDALUCÍA

ISBN 978-3-631-87679-4 (Print)
E-ISBN 978-3-631-87771-5 (E-PDF)
E-ISBN 978-3-631-87772-2 (EPUB)
DOI 10.3726/b19671

© Peter Lang GmbH
Internationaler Verlag der Wissenschaften
Berlin 2022
Todos los derechos reservados.

Peter Lang – Berlin · Bruxelles · Lausanne · New York · Oxford

Esta publicación ha sido revisada por pares.

www.peterlang.com

ÍNDICE

INTRODUCCIÓN

*Al odiar al crimen y querer al criminal, construye
una historia ideal del mundo y tiende a transformar
el mal de las subjetividades en un acontecimiento
impersonal. Devuelve a las personas la dignidad
que han perdido y objetiva el mal que hay en
ellas. Discierne el alma de los estados anímicos
para arrancárselos y, sin dejar de condenar estos,
rehabilita a aquella.*

(Nedoncelle, 1996:245)

1. El proyecto BOECIO

A principios de 2018, un conjunto de profesores de universidades españolas y extranjeras nos embarcamos, con más ilusión que esperanzas, en la propuesta de un proyecto de la primera convocatoria de proyectos que convocó la Universidad de Sevilla con fondos FEDER de la Unión Europea. Nos movían proyectos previos como el W3P concedido por la Universidad de Chicago y, en algunos casos, más de una década de talleres filosóficos realizados con diversos colectivos. La resolución tardó más de dos años en llegar. Por eso, empezamos a prepararnos para cuando la oficialidad anunciase la salida: realizamos contactos con prisiones, los primeros talleres preliminares y difundimos nuestra propuesta en medios académicos y extrauniversitarios. Lamentablemente, la resolución se dilató tanto que uno de los grupos desapareció y no hubo forma de retomar el contacto con su responsable.

En todo caso, nuestra sorpresa fue mayúscula cuando, a principios de 2020, llegó la resolución definitiva. No solo habíamos sido adjudicatarios, sino que habíamos obtenido la máxima puntuación: cien puntos de cien posibles. Esto convertía a nuestro proyecto en el primero (o, al menos, uno de los primeros en el caso de que otro se hubiera alzado a la misma calificación).

La primera modificación comenzó por la sustitución del equipo de Perú por otro en Colombia, que obtuvo permisos para entrar en la prisión del Buen Pastor de Bogotá. Ingenuamente, pensamos que ninguna perturbación mayor a esta, de por sí grave, podría sucedernos: entonces, la COVID-19 entró en escena. Sin intentar entrar en todo el proceso de dificultades prácticas y burocráticas, pedimos una ampliación de un año, pero la normativa solo fijaba un máximo de tres meses. Por tanto, ajustamos el proyecto asumiendo el progresivo cierre de prisiones.

2. Desarrollo

Aunque el nombre completo del proyecto es "Estudio de la eficacia de la Filosofía Aplicada en Prisión para el desarrollo de las virtudes dianoéticas y éticas", acabamos creando el *naming*, como dicen las empresas de diseño, BOECIO. Este nombre se creó en referencia al filósofo del medioevo que pasó sus últimos días en prisión y escribiendo *La consolación de la filosofía*. Ambas circunstancias cuadraban con las pretensiones de nuestro trabajo.

El objetivo general consiste en lo siguiente:

Analizar la eficacia de talleres de filosofía que desarrollan virtudes éticas y dianoéticas en una muestra de más de quinientos presos sobre la base de un estudio experimental realizado en España. Sus resultados se contrastarán con los grupos de control y experimentales de Brasil, México y Perú para evitar el sesgo nacional y alcanzar conclusiones transculturales.

En esta definición, el grupo de Perú tuvo que ser cambiado por uno de Colombia por circunstancias indicadas arriba. De hecho, la pandemia por COVID impidió la realización de los talleres en Colombia aunque se ha podido desarrollar una versión preliminar en Argentina.

Los objetivos específicos de BOECIO implicaban:

(1) Diseñar un protocolo de talleres de la filosofía aplicada cuyos objetivos sean (1) el gobierno sobre las emociones (pasiones) y la mejora de las virtudes éticas, (2) la mejora del pensamiento crítico y el incremento de las virtudes dianoéticas o intelectuales (3) y la generación de las condiciones adecuadas para la emergencia de eventos experienciales

proclives a modificaciones identitarias en los presos y presas con perspectiva de influir en la desistencia.

(2) Evaluar empíricamente dicho protocolo usando instrumentos cuantitativos y cualitativos.

(3) Generar un programa de difusión de resultados teniendo como base los ámbitos académicos y extrauniversitarios y la difusión docente por medio de la realización de programas formativos.

El proyecto se desarrollaría por medio de cuatro fases:

(1) Fase teórica, dedicada a desplegar el marco del tipo de filosofía utilizada, la filosofía aplicada, y su implementación en prisión.

(2) Fase aplicada: esta etapa generaría las formaciones e implementaría los talleres.

(3) Fase analítica: aquí, se estudiarían los resultados.

(4) Fase de difusión consistente en difundir las evidencias y programar la continuidad de las acciones más allá del proyecto.

3. Contenidos y autores

Para lograr todo esto, se creó un equipo interdisciplinar que incluía a especialistas de la filosofía y la psicología, fundamentalmente. La mayor parte de sus nombres aparecen como autores de este trabajo y el resto han realizado publicaciones, conferencias y otras publicaciones en otros lugares.

José Barrientos, profesor titular en la Facultad de Filosofía y coordinador del proyecto, introduce en las bases de BOECIO. Se detiene especialmente en sus tres pilares: pensamiento crítico, gobierno de las pasiones y acciones comunicativas. Su descenso a esta materia se basa en los autores de la historia del pensamiento que lo han desplegado y explicita cómo sus teorías pueden convertirse en el armazón de un gimnasio filosófico, modelo que toma del mundo estoico.

Francisco J. Saavedra, profesor titular y vicedecano en la Facultad de Psicología de la Universidad de Sevilla, ha ejecutado diversos proyectos en prisiones y en otros medios de cooperación. Su artículo, realizado en colaboración con Lara Murvartian, Joanna Brzeska y Marcelino López, se sirve de sus conocimientos de patología mental en las prisiones para introducirnos en este proceloso mar. Los autores desgranan la realidad de la enfermedad mental en prisiones españolas y alcanzan ámbitos que median con la filosofía cuando se acercan al suicidio.

Ángel Alonso Salas, es profesor en la Universidad Nacional Autónoma de México y ha trabajado, junto a su alumno Marco Antonio López Cortes, en diversas cárceles mexicanas. Alonso Salas explica la realidad penitenciaria específica de la capital de México. Asimismo, reflexiona sobre cómo las bases estoicas del proyecto BOECIO han servido para ayudar a superar duelos personales y metafísicos a las reclusas de Santa Martha Acatitla en Ciudad de México.

Edson Renato Nardi, profesor en el Centro Universitario Claretiano y coordinador del proyecto en Brasil, narra la exitosa trayectoria en Brasil. Esta se demuestra no solo por

los resultados cuantitativos, claramente explicitados en el capítulo, sino por las peticiones de otras prisiones para exportarlo y por su extensión a funcionarios de prisiones hasta la llegada de la pandemia.

Víctor A. Rojas, profesor de la Corporación Universitaria Uniminuto y coordinador en Colombia, junto a Cindy Tatiana Carrero, compara el proyecto BOECIO con actividades precedentes del grupo MARFIL de Colombia. MARFIL, dirigido por Rojas, ha puesto sus ojos en contextos de marginalidad y, específicamente, en el desarrollo de la identidad de menores infractores abandonados por sus familias y confusos por la realidad donde nacieron.

Mario Raúl Henríquez dota a su capítulo de un carácter más personal. Nos ofrece una visión de los avances que BOECIO entre las privadas de libertad de las Islas Canarias (España) y la enorme aceptación que, a pesar de las interrupciones de la pandemia, ha tenido en las Islas Canarias. De hecho, se ha propuesto seguir trabajando con su modelo con prostitutas y en centros de salud.

4. Cierre y continuación

Juan Manuel Burgos ha criticado que los filósofos y las filósofas nos hemos enclaustrado en los cenáculos académicos y, con ello, hemos contribuido a una filosofía narcisista. Esta filosofía pervierte su vocación crítica, puesto que su reclusión y apartamiento del sufrimiento diario permite al sistema cosificador campar a sus anchas.

En nuestra sociedad, la filosofía tiende cada vez más a reducirse en el ámbito de los cenáculos académicos redactando textos eruditos y precisos que no pretenden alcanzar un influjo social ni mucho menos contribuir a construir una cosmovisión. Son muchas veces, juegos intelectuales narcisistas destinados a fascinar al lector, al colega o al público. Esta concepción o ejercicio de la filosofía e, probablemente, una de las razones de su escaso éxito hoy en día", (Burgos, 2012: 261).

Este juicio no puede generalizarse a toda la filosofía. El quehacer de la filosofía aplicada en prisión y con otros colectivos en riesgo de exclusión son una patente manifestación de que otros modos de quehacer reflexivo son posibles y reales (Barrientos, 2020; 2021a; 2021b).

BOECIO, o el proyecto "Estudio de la eficacia de la Filosofía Aplicada en Prisión para el desarrollo de las virtudes dianoéticas y éticas", no es una nueva academia para educar en valores a nadie o para enseñar filantrópica, compasiva y colonialmente a los monstruos a la sombra cuál es el bien. Michel Foucault avisaba del peligro del intelectual que se convertía en un ideólogo más y, por ello, recordaba lo siguiente:

> El intelectual no puede seguir desempeñando el papel de dar consejos. (...) Lo que el intelectual puede hacer es dar instrumentos de análisis (...). Ahí está el papel del intelectual. Y ciertamente no en decir: esto es lo que debéis hacer.(Foucault, 1980: 109)

En lugar de ello, BOECIO proporciona aquella caja de herramientas que vacunan contra la imposición del sistema:

> Todos mis libros son, si le parece, como pequeñas cajas de herramientas. Si la gente se toma la molestia de abrirlos, de utilizar tal frase, idea o análisis como un destornillador o una llave inglesa para interrumpir el circuito, descalificar los sistemas de poder, incluso eventualmente los propios sistemas en los que se asienta este libro..., pues tanto mejor. (Focuault citado en Eribon 1992: 291-292)

Este libro no es una caja de herramientas. Sin embargo, permite entender lo que esas herramientas son capaces de hacer y lo consiguen no solo desde una desiderata o un *wishful thinking* hábilmente orquestado, sino desde la encarnación filosófica de seis letras mayúsculas: BOECIO.

José Barrientos Rastrojo
Universidad de Sevilla

Referencias

Barrientos Rastrojo, J. (2020): *Filosofía Aplicada Experiencial. Más allá del postureo filosófico*, Plaza&Valdés, Madrid;

(2021a): *Hambre de filosofía*, Next Door Publishers, Zaragoza.

(2021b): "Policías de balcón y otras incidencias foucaultianas" en *Filosofía y nueva normalidad*, CECAPFI, Ciudad de México, 2021, pp. 46–54. Disponible *online* en https://www.researchgate.net/publication/345392720_Policias_de_balcon_y_otras_inclemencias_foucaultianas)

Burgos, J.M. (2012): *Introducción al personalismo*, Biblioteca Palabra, Madrid.

Eribon, D. (1992): *Michel Foucault*, Anagrama, Barcelona.

Foucault, M. (1980): *Microfísica del poder*, La Piqueta (*ebook*), Madrid.

Nedoncelle, M. (1996): *La reciprocidad de las conciencias*, Caparrós editores, Madrid.

BASES TEÓRICAS

José Barrientos Rastrojo

CAPÍTULO 1. FUNDAMENTOS PARA UNA FILOSOFÍA APLICADA EN PRISIÓN. EL PROYECTO BOECIO

1. Introducción. La filosofía, la prisión y el proyecto BOECIO

La relación de la prisión con la filosofía se remonta a los despertares de Grecia. Cualquier estudiante de filosofía reconoce los reglones del *Critón* de Platón donde los discípulos de Sócrates ofrecen al famoso pensador escapar de su celda y, también, su elogioso discurso en que rechaza la propuesta por fidelidad a la polis. Lamentablemente, este no ha sido el único pensador que estuvo entre rejas. Junto a él, Boecio, Diderot, Voltaire, Antonio Gramsci, Enmanuel Mounier, Antonio Negri o Angela Davis pasaron semanas, meses o años a la sombra.

La vinculación se afianza por medio de una extensa literatura filosófica durante los siglos XIX y XX. Concepción Arenal, en España, escribirá sobre la condición del recluso decimonónico y propone una salida moral (Arenal, 1894; 1896). Angela Davis usará sus conocimientos de la teoría crítica y su experiencia racial en su infancia en *Dynamite Hill* (Birmingham, Alabama) de los años cuarenta, donde actuaba impunemente el Ku Klux Klan, para conectar la prisión con la esclavitud y explicar la necesidad de sus aboliciones en una sociedad democrática (Davis, 2003). Michel Foucault, artífice del Grupo de Información de las Prisiones en Francia, irá más allá en su teoría: elevación de la forma-prisión a categoría social, puesto que los dispositivos de vigilancia no se restringen a las instalaciones penitenciarias sino que saltan sus muros para instalarse en nuestras sociedades como mecanismo de vigilancia y de normalización (Foucault, 2018).

El siglo XXI ha sido testigo del salto de la teoría a la práctica de este maridaje filosofía-prisión por medio de la realización de talleres de filosofía en los centros penitenciarios. Sin ánimo de ser exhaustivo[1], se pueden

---

1 Construimos un estado del arte sobre estas prácticas en *Plomo o Filosofía* (Barrientos, 2022).

citar las actividades de María da Venza Tillmanns en California, Vaughana Feary en New Jersey, los talleres de Ángel Alonso y Marco Antonio López Cortés en México, los de la Bemba del Sur y Alberto Sarlo en Argentina, los realizados con menores infractores en el grupo MARFIL en Colombia, el proyecto *Moving through dialogue* de Gronke y Horst en Berlín, las acciones de Szifris en Inglaterra y los talleres de Eduardo Vergara en el país desde el que se escriben estas líneas. Las formas de estos talleres son diversas: desde la adaptación de la metodología de Filosofía para Niños y Jóvenes, a los diálogos socráticos, pasando por los cafés filosóficos y los diálogos abiertos sobre temas carcelarios trufados de alguna cita de filósofos. De forma consistente con estos proyectos, aunque con diferencias destacables respecto a la metodología y a las formas de investigar, surge el proyecto BOECIO (Barrientos, 2022). Su diseño se remonta al año 2016 y los primeros talleres preliminares se materializan en el curso 2017/18.

El objetivo general de BOECIO en sus primeros compases fue el siguiente:

> Analizar el rendimiento de talleres de filosofía que desarrollen virtudes éticas y dianoéticas en una muestra de entre quinientos y mil presos a través de un estudio experimental realizado en España, Brasil, México, Colombia, Argentina, Portugal, Chile y Perú.

Actualmente, su localización práctica es doble: investigadora y profesional. Desde la perspectiva investigadora, se yergue sobre un diseño experimental que busca la implementación de metodologías cuantitativas y cualitativas que miden la mejora de las habilidades filosóficas adquiridas. Concretamente, se usan instrumentos como el test 3D-WS de Monika Ardelt y el test SAWS de Webster en el plano cuantitativo. El plexo cualitativo triangula esos datos numéricos con instrumentos como los grupos focales, la entrega y evaluación de dilemas éticos y entrevistas escritas encuadradas en los eventos surgidos, la observación de incidentes y acontecimientos y las entrevistas individuales a los participantes y al personal penitenciario centradas en un conjunto de ítems previamente diseñados. Asimismo, se tiene presente la observación participante de los educadores que imparten los talleres, puesto que todos se comprometen a realizar un entrenamiento filosófico que exige un trabajo diario del cual no se escapa el formador. De esta forma, la introspección de estos últimos ofrece un nuevo hontanar desde el que observar el impacto del proceso total.

Las sesiones poseen una duración de noventa minutos y se ejecutan semanalmente durante siete meses. Cada sesión entrena por medio de un ejercicio filosófico, habitualmente de naturaleza estoica. Por ejemplo, los encuentros ejercitan en *diakrisis, prosoche, praemeditatio malorum, gymnastiké, akroasis* o visión cósmica.

El programa completo añade a la gimnasia para gobernar las pasiones dos pilares: el pensamiento crítico y las acciones comunicativas.

El objetivo de este artículo es analizar estos tres componentes y explicar la oportunidad de su implementación en el contexto carcelario.

2. El pensamiento crítico

2.1. De la razón instrumental a la razón crítica

Se suele defender que la filosofía forma en pensamiento crítico. Este integra los contenidos de la disciplina anglófona *critical thinking*. De acuerdo con Robert Ennis, este ayuda a "saber qué pensar o qué hacer" a la vista de las mejores razones disponibles (Ennis, 1996: xvii). Las metodologías y principios del *Critical Thinking* son varios, pero el modelo más extendido integra los siguientes elementos (Govier, 1997; Diestler, 1995; Engel (1994); Johnson-Blair, 1983; Paul-Elder, 2003; Vega, 2003; Thompson, 2001; Valls, 1981; Barrientos, 2010):

(1) Análisis y creación de argumentos y su distinción de otras formas expresivas como opiniones, descripciones o explicaciones.
(2) Distinción de las partes de los argumentos: conclusiones, razones y asunciones.
(3) Tipos de lenguaje.
(4) Criterios: aceptabilidad, bases y relevancia.
(5) Falacias.

Una visión amplia de esta disciplina que reúne conocimientos de la Pedagogía, la Psicología y la Filosofía y que incluye nuevas habilidades como sintetizar, reunir información u observar aparece en la siguiente definición de Richard Paul y M. Scriven:

> Critical thinking is the intellectually disciplined process of actively and skillfully conceptualizing, applying, analyzing, synthesizing, and/or evaluating information

gathered from, or generated by, observation, experience, reflection, reasoning, or communication, as a guide to belief and action[2]

El principal riesgo del *critical thinking* es despeñarse en una razón instrumental, es decir, en desplegar una razón que sirva para fines a los que se permanece ajeno o que, simplemente, son incuestionados.

La razón instrumental aparece en nuestra visita al asesor financiero donde pedimos ayuda para que reorganice nuestras finanzas y, con ello, conseguir dinero para pagar la universidad privada de nuestros hijos sin devaluar los lujos capitalistas familiares. El profesional aplicaría su razón como un instrumento para lograr el objetivo solicitado. Sin embargo, no cuestiona la legitimidad, validez u oportunidad de la petición, es decir, no preguntará: ¿cuál es la razón que nos lleva a desear mantener nuestras necesidades o enviar a nuestro vástago a Princeton o Yale?

Si visitamos a un orientador filosófico con la misma petición, obtenemos un salto atrás antes que un avance, como sucede en el caso anterior. El filósofo nos preguntará acerca de las bases de nuestra pregunta. Con ello, cuestiona el sistema desde el que vivimos; esto lo hace no por un prurito de pedantería o por desear que cambiemos nuestra forma de ser. Su profesión lo lleva a funcionar como un espejo que permite hacernos conscientes de nuestro rostro, que nunca vemos salvo cuando alguien nos refleja nuestras preguntas, y que, más tarde, sirve para reflexionar sobre las bases ideológicas de nuestros deseos e ideas. Nuestras respuestas a sus preguntas nos facilitarán ver nuestra dependencia de un sistema cosificador, de la manipulación social que lleva a pensar que la mejor opción para los hijos es la universidad privada y del marco que nos ha llevado a este punto de forma silenciosa y cegadora. Repitámoslo: el objetivo no es destruir nuestra posición sino deconstruirla, es decir, que nos apercibamos de sus ingredientes y las razones de su constitución. He aquí la razón crítica en acción.

La razón crítica nos hace conscientes además de la sensología. Mario Perniola (2008) dibuja la sensología como la hermana pasional de la ideología. La sensología es el tramado sentimental desde el que nos enfrentamos a la realidad y la teoría que nos muestra cómo la contemporaneidad

---

2   Puede consultarse la definición en los libros citados de Richard Paul y Linda Elder o en la siguiente web https://www.criticalthinking.org/pages/defining-critical-thinking/766, último acceso 10 de agosto de 2021.

nos roba la posesión de emociones propias. Si una película muestra el fotograma de un puño sucio de un hombre alzando una bandera, el espectador está programado para sentir ciertas emociones y para evitar otras: se activará y mostrará empatía por percepciones como el coraje, la fortaleza o el orgullo por haber logrado algo inesperado; sin embargo, sensaciones como la sorpresa, la diversión, la sensualidad o el hastío serían extrañas delante del citado fotograma. Si estas últimas aparecieran en un sujeto, los demás mostrarían extrañeza, en el mejor caso, y exclusión y ostracismo normalizador, en el peor. Perniola subraya que nuestra sociedad determina sensológicamente qué hemos de sentir en cada circunstancia y nos roba la posibilidad de crear un auténtico sentir. La criticidad filosófica facilita la consciencia del engaño, en un primer compás, y la recuperación del sentir prohibido por el marco alienador.

2.2. Biopoder y normalización[3].

Una modalidad de pensamiento crítico crucial en la segunda mitad del siglo XX fue explicada por Foucault cuando estudió la microfísica del poder.

Las primeras páginas de *Vigilar y castigar* se inician con la tortura inmisericorde de Damian, el reo de un crimen que no solo es condenado a muerte, sino a padecer un acabamiento de escarnio público sin igual y de dolores indecibles que incluían el desmembramiento de partes del cuerpo, el ahorcamiento y otras lindezas dignas de un monstruo poderoso que buscaba gobernar mediante el miedo. La modernidad que habitó Damian entendía que el control de los sujetos pasaba por el de sus cuerpos y, por ello, la prisión incluía los trabajos forzados o el maltrato como medio para doblegar a quien no se adaptaba a los dictados del poderoso. Sin embargo, Foucault nos enseña que la contemporaneidad que se apercibe de lo importante para conseguir la obediencia era el control de las almas y que no siempre se podían dominar por medio del castigo físico. Dos mil años atrás, Epicteto se adelantó a este descubrimiento cuando, amenazado

---

3   La normalización es el proceso que conduce a la normación, a la introducción dentro de una norma, de sujetos por medio de mecanismos de control habitualmente invisibles y/o presentados detrás de una máscara de protección social comunitaria.

con dominar su ser por el mero acto de encadenar su cuerpo, respondió en la línea de lo que descubre Foucault.

- Pues te encadenaré
- ¿Qué dices, hombre? ¿A mí? *Encadenarás mi pierna, pero mi libre albedrío ni el propio Zeus puede vencerlo.*
- Te meteré en la cárcel.
- *A mi cuerpo, será* (Epicteto, 1993: 588-589)

Nuestro filósofo francés describe decenas de dispositivos normalizadores para controlar al sujeto. El más conocido es el panóptico. El panóptico es una estructura descrita por Bentham consistente en la clásica estructura carcelaria que dispone una torre de vigilancia central y las celdas alrededor. Un vigilante en la torre podrá vigilar a cada uno de los presos y evitar el coste que supone el control individual. De hecho, esta modalidad no era tan eficaz como el panóptico. Lo más incisivo de este artilugio no consistía en que el recluso sea vigilado sino en que *se sienta vigilado constantemente*. De esta forma, siendo así, temerá realizar acciones contrarias a la ley y el hábito convertirá al vigilante en una constante en su vida, es decir, el vigilante acaba siendo interior y, por ende, acaba integrando la ley que se le intenta imponer.

El panóptico se repite en nuestra sociedad por medio de los circuitos cerrados de cámaras que pueblan las calles y las carreteras y se extendió en las escuelas y los centros de trabajo con estructuras similares. Asimismo, las actuales paredes transparentes permiten el control de las personas en las oficinas y las políticas de transparencia financiera nos conducen a un control global total. Estas políticas de transparencia institucional se presentan tras la máscara de vigilancia para nuestra protección, pero su juego sale a la luz cuando la ciudanía pierde su derecho a la intimidad personal.

Otro mecanismo de normalización y vigilancia aparece en *Seguridad, disciplina, territorio* (Foucault, 2006: 357): la policía. Esta no se entiende solo como el cuerpo de oficiales que vigilannuestras calles (y a cada uno/a de nosotros/as) sino a un engranaje que introduce el control en el domicilio. El problema del control se basa en la separación entre lo público y lo privado y la repugnancia de que el gobierno se meta entre nuestras sábanas. Nuestro pensador explica que existen varias formas de conseguirlo. En primer lugar, convirtiendo a la ciudadanía en policías vicarios y guardianes del orden social. Esto lo hemos contemplada con las denuncias y estigmatización de los policías de balcón durante el confinamiento de COVID19 (Barrientos, 2021). No hacía falta que apareciera un uniforme en un barrio para controlar a quienes inadvertidamente salían de sus casas saltándose las normas: un ejército de ciudadanos alimentados por el miedo biopolítico y portando móviles de última generación grababan a sus vecinos y evitaban que se violasen las normas so pena de denuncia o de sometimiento a sambenito y ostracismo social.

En tercer lugar, las estructuras físicas de las casas y otros edificios han servido para la normalización o integración del ciudadano dentro de ciertas líneas. La división de los dormitorios familiares por sexos buscaba evitar el incesto (Foucault, 2000: 251). Por otra parte, la diferenciación de los urinarios públicos en masculinos y femeninos facilitaba una división binaria de los géneros. Asimismo, el hecho de que el profesor disponga de un despacho propio, que este sea más grande según el puesto ocupado e incluso el derecho adquirido de poder elegir asignaturas en la universidad a medida que se asciende en la escala académica determinan estructuras de poder que se infiltran en el alma de los sujetos de una forma, habitualmente, inconsciente.

Por último, mecanismos tan básicos como aprender a escribir con la mano derecha, aun siendo zurdo, o desarrollar una letra bonita se describen como el punto de partida para generar docilidad en la ciudadanía. Así lo explica *Vigilar y castigar*:

Una buena letra, por ejemplo, supone una gimnasia, toda una rutina cuyo código riguroso domina el cuerpo por entero, desde la punta del pie a la yema del dedo índice. Hay que "tener el cuerpo derecho, un poco vuelto y libre del lado izquierdo, y un tanto inclinado hacia delante, de suerte que estando apoyado el codo sobre la mesa, la barbilla pueda apoyarse en el puño, a menos que el alcance de la vista no lo permita; la pierna izquierda debe estar un poco más delante bajo la mesa que la derecha. Hay que dejar una distancia de dos dedos entre el cuerpo y la mesa; porque no sólo se escribe con más rapidez, sino que nada hay más perjudicial para la salud como contraer el hábito de apoyar el estómago contra la mesa; la parte del brazo izquierdo desde el codo hasta la mano, debe estar colocada sobre la mesa. El brazo derecho ha de estar alejado del cuerpo unos tres dedos, y sobresalir casi cinco dedos de la mesa, sobre la cual debe apoyarse ligeramente. El maestro hará conocer a los escolares la postura que deben adoptar para escribir y la corregirá, ya sea por señas o de otro modo, cuando se aparten de ella". Un cuerpo disciplinado es el apoyo de un gesto eficaz (Foucault, 2002: 140-141)

2.3. El pensamiento crítico en prisión

Critical thinking, razón crítica, desvelamiento de ideologías y sensologías y concienciación sobre mecanismos de control y de biopoder son herramientas básicas del proyecto BOECIO. Su utilidad responde a diversas realidades del centro penitenciario.

En primer lugar, dentro aflora la manipulación emocional por medio del uso sagaz de ideologías y sensologías.

Los estoicos enseñaron que nuestras pasiones resultan de las *interpretaciones* (opiniones) que realizamos sobre los *hechos* (sucesos). Crisipo apuntaba lo siguiente:

> Los estoicos piensan que las pasiones son juicios (...) de modo que la avidez por el dinero es la opinión de que el dinero es algo honesto y lo mismo habría que decir de la embriaguez, del libertinaje y de las demás pasiones (Crisipo, 2006: 313)

Epicteto lo exponía en los siguientes términos:

> Lo que turba a los hombres no son los sucesos sino las opiniones acerca de los sucesos. Por ejemplo, la muerte no es nada terrible, pues, de serlo, también se lo habría parecido a Sócrates; sino la opinión de que la muerte es terrible (Epicteto, 2004: 17-19)[4]

De esta forma, descubrieron que las pasiones ejercían un control tiránico sobre el sujeto. Si alguien conseguía manejarlas, poseería un gobierno crucial de su existencia. Sin embargo, si orquestaba ese poder sobre las pasiones de otros, dominaría sus acciones como si se tratase de una marioneta. Si alguien hacía temer la integridad física al otro, es decir, si lo amenazaba de muerte de forma maestra al punto de que el otro lo creía, la víctima quedaría doblegada a su yugo. Ahora bien, el filósofo se apercibe de que la liberación depende de una acción sencilla: gobernar las propias interpretaciones. Si se modifica el modo en que se perciben los hechos, se modificarán los mecanismos pasionales o se erradicarán y, por tanto, el poderoso pierde su hegemonía. Epicteto lo justifica con un ejemplo:

---

4   Epicteto (2004): *Enquiridion*, Madrid, Anthropos, pp. 17–19.

- ¿Qué hace terrible al tirano?
- La guardia personal –responde– y sus espaldas y el que vigila su cámara y los que rechazan a los que quieren entrar.
- Entonces, ¿por qué, si le acercas un niño cuando está con los guardias no se asusta? ¿O es que el niño no se da cuenta de su presencia? (Epicteto, 1993: 420)

De esta forma, no es la guardia lo que hace temer al tirano sino el significado que el acobardado da a esa guardia y eso es parte de la ideología y de la ficción que ha de mantener el poderoso por medio de actos como el de Damian.

Este mecanismo de poder se reitera en el reclusorio sobre la base de la ideología asumida pero nunca cuestionada. Si, durante una sesión de psicoterapia, un profesional analiza con un chico sus problemas con las mujeres y acaban concluyendo que es homosexual, el descubrimiento puede provocar la tranquilidad del cliente: finalmente, consigue entender la causa de sus males y consigue encajar las piezas disgregadas de su vida. Sin embargo, si esta palabra, "homosexual", se proyecta contra algún interno, la reacción suele ser violenta y extrañamente posee los matices del resultado de la consulta del psicólogo. El hecho (la atribución a una persona de su condición homosexual) es idéntico en los dos casos. Por tanto, la causa del desencadenamiento pasional en la prisión y de la relajación en la consulta se debe a la interpretación. Esta última es deudora en ambos casos de un marco ideológico que no se analiza sino desde el cual se piensa. En el primer caso, no existe una carga ofensiva del término; dentro del centro penitenciario, se interpreta como un insulto que degrada la hombría, valor supremo en la ideología carcelaria masculina. El asunto que citamos arriba no es este sino el que sigue.

Imaginemos que alguien descubre el efecto de usar esa palabra detonante con un privado de libertad. Añadamos que este hábil manipulador necesita liquidar una cuenta con un enemigo sin mancharse las manos. Solo necesita acercarse a su pobre víctima inflamable doblegada por la ideología de forma amigable e insinuarle que su deudor va diciendo que es un "homosexual".

Pensemos un segundo caso: Antonio es un interno que acabó con sus huesos entre rejas después de propinar una paliza mortal a su esposa. Cuando se le preguntó en el juicio por qué lo hizo, respondió:

Me llevó la contraria en tres ocasiones. Le perdoné las dos primeras. La tercera...
Un hombre no puede dejar que su señora lleve los pantalones. Desde pequeño,
supe que si el hombre no gobierna su casa, se condena al caos y a la degeneración.

Nuevamente, vemos como la ideología (el hombre debe llevar los pantalones en casa) genera la interpretación (mi esposa intenta desbancarme del
poder) del hecho (la esposa le lleva tres veces la contraria) y, posteriormente, al desbordamiento pasional (asesinato).

La materialización de la violencia institucional puede nacer del mismo
mecanismo hermenéutico. Imaginemos que un guardia llega a una celda
para realizar una requisa rutinaria. Uno de los presos, enfrascado escu-
chando música y de espalda a la puerta, no se percata de la llegada. Solo
cuando lo empujan al suelo y lo golpean se apercibe de su error. Pide per-
dón y explica que estaba embebido con sus auriculares. El guardia toma
una decisión (enviarlo a aislamiento) basada en su interpretación ("Este
joven me está chuleando") y en la pasión consecuente (ira por el desprecio
percibido).

El pensamiento crítico ayuda a detenerse para descubrir el marco ideológico que gesta la explosión pasional. Los pilares del mismo son cromáti-
cos al otro lado de los muros: la vinculación de la violencia con la fuerza
y la autoridad, los que conectan al recluso con la depravación moral, los
que convencen de que las drogas no provocan daños, los que aseguran
que el alcohol es una salida a los problemas, los que certifican que el que
nace pobre morirá ladrón, los que apuntan que la felicidad se mide por el
número de ceros en la cuenta corriente, que la libertad es hacer "lo que
a uno le da la gana" o que las normas solo sirven para esclavizarnos y
controlarnos.

El pensamiento crítico no asevera que las frases arriba indicadas son
erróneas o verdaderas sino que se alza como un dispositivo que ayuda al
otro a decidir por sí mismo.

Por todo ello, el pensamiento crítico es peligroso para quien considera
que la única forma de controlar a un preso o a un empleado de prisiones
es mediante la subyugación a los dictados de la norma. El pensamiento
crítico dota de herramientas que descubren lo que existe detrás del velo
inocente con el que se presentan mecanismos biopolíticos los cuales se
muestran como salvadores de nuestra salud física, ética y existencial.

Por otro lado, el pensamiento crítico resulta útil por dos razones en prisión: una instrumental y otra desveladora. Por una parte, facilita encontrar vías alternativas a problemas que abrió el camino a la celda. Tres cuartas parte de las mujeres latinoamericanas que se encuentran en prisiones españolas cumplen pena por tráfico de drogas. No encuentran otra manera de alimentar a sus hijos en domicilios donde el padre está ausente. Una razón instrumental les ayudaría a diseñar otras opciones para alimentar las bocas de sus hijos. Ahora bien, imaginemos que la madre se embarcó en su peligroso proyecto de tráfico porque sus hijos le reclamaban celulares de última generación, la razón instrumental muta en crítica si usamos la filosofía para poner al descubierto las ideologías y sensologías que han generado ese deseo.

Por último, la educación de muchos centros educativos en barrios periféricos se funda en una educación en valores de acuerdo con un magma ideológico específico. Hemos asistido a talleres en los que los educadores prohibían tratar ciertos temas e incentivaban la imagen del "niño/a bueno/a". Los chicos aprendían una doble moral: buenos dentro de la escuela y confusos fuera. Cuando, más allá del recinto educativo, se plantea con crudeza el problema de la droga, el abuso, la violación o la prostitución, los niños y jóvenes carecen de herramientas para analizar profundamente las ideologías e ideas que les proponen fuera. A diferencia de la educación en valores, el pensamiento crítico no determina la bondad material de los contenidos sino que proporciona herramientas que ofrecen autonomía y libertad de elección más allá de la manipulación.

3. El gobierno de las pasiones

3.1. Gobernar antes que controlar

La idea del gobierno de las pasiones surge en el mundo estoico y en sus antecedentes griegos. Apuesta por un entrenamiento dirigido hacia una maduración personal que sirve para elevarse sobre ciertas pasiones.

Dentro del contexto de BOECIO, la pasión se vincula con la pasividad. La pasión crearía una abulia racional en el sujeto. La persona dominada por la ira pierde sus capacidades racionales y actúa como un demente, un fuego incombustible o un maremoto que no posee orden ni concierto. La razón huye de ella y, en la medida en que el elemento determinante del ser humano, su *hegemonikon*, es el principio racional, su ser es usurpado por la cólera y, por consiguiente, él desaparece.

Algunos piensan que la solución a los desmanes pasionales pasa por el *control* de las pasiones. El problema es que, como nos ha demostrado el psicoanálisis, esto solo conduce a un desplazamiento de la pasión y a la frustración incapacitante por no dar curso al fuego.

Este *gobierno* no implica controlar, acotar o poner fronteras sino situarse en una posición donde la pasión se desactiva, no ejerce control porque el individuo está por encima de ella. El niño que desea comer un caramelo y que recibe la orden de no hacerlo solo puede *controlar* su anhelo. Ese control lo bloquea: estará pensando en él todo el día y solo se liberará cuando deguste tan ansiado manjar (caer en la tentación para destruir su causa). Por ello, el control no es solución pues ejerce el mismo efecto anulador que el deseo. Ahora bien, cuando el niño crece, despliega sus intereses gastronómicos. Empieza a compatibilizar su apetito por caramelos con tartas, bollería y otros productos con elevado índice glucémico. Si le ofrecen caramelos, volverá a comerlos, pero la tentación es menor a la vista de otros deseos. El niño se hace joven y empieza a relacionarse con lo salado. Los encurtidos inician una relación especial con su paladar que le satisface. Un día, el joven mezcla su caramelo con lo salado y un estallido de sabores se dispara. El joven decide estudiar las mezclas de sabores y se hace un chef de renombre. Cuando uno de sus hijos le ofrece un día un nuevo caramelo que recupera el sabor de los suyos de la infancia, no solo no ha de controlarse para evitarlo, sino que lo rechaza por su sabor poco delicado y su textura áspera. Sin embargo, ante una bajada de azúcar, nuestro chef toma uno de los caramelos de su infancia y se recupera. El paso del control emocional al gobierno de las pasiones es el camino que conduce desde nuestro niño al chef que sabe cuándo debe alimentarse de caramelos.

Pensemos en un segundo un caso más cercano a nuestro contexto. Martín llega a su casa un día antes de lo esperado: ha habido un problema con una tubería en la empresa donde trabaja y han dado el día libre a todos los empleados. Allí, encuentra a su pareja, Mateo, con otro chico. Enfurecido agarra un busto y lo estrella contra la cabeza de su pareja, que cae muerto *ipso facto*. Martín se lamenta desconsolado hasta que la policía llega. Le caen diez años de prisión. Martín sufre el duelo de Mateo y, progresivamente, su pena se transforma en odio hacia el amante descubierto, a quien culpabiliza de su desgracia. Planea minuciosamente su asesinato: le quedan todavía algunos meses antes de conseguir el tercer grado. Una mañana de septiembre, se inscribe en unos extraños talleres filosóficos, que le proporcionarán algunos beneficios penitenciarios. Aunque se muestra receloso al principio, se interesa por unos ejercicios que le parecen psicológicos. Se compromete con las tareas semanales para, como señala el orientador filosófico, "experimentar con uno mismo". No tiene nada que perder. Los ejercicios le descubren la diferencia entre el hecho y las interpretaciones, la teoría del gobierno sobre las pasiones, las posibilidades que abren y cierran los desafueros sentimentales y ciertas actividades le ayudan a una nueva comprensión de la situación. A raíz de la sesión octava, reflexiona en su diario acerca de los últimos meses con Mateo, sus desaires con él, los vacíos a lo que lo sometió, la progresiva distancia entre ambos y, sin prisa pero sin pausa, asume su parte de responsabilidad en la infidelidad. Dos semanas más tarde, a raíz de un trabajo de *prosoche*, comprende cómo la pasión está robándole su existencia. Un semestre más tarde, empieza a ser él quien dirija talleres BOECIO. Cumplida la pena, Martín se encuentra un día en la calle con el amante de Mateo. Sus deseos de venganza y aquel plan tan minuciosamente orquestado quedan obsoletos. El amante reconoce aterrorizado a Martín, que años atrás había prometido venganza. Martín le sonríe. No hay control de la ira, no existe odio o desbordamiento pasional. Solo vino a comprar un par de zapatos.

Las pasiones son diversas, por ejemplo el odio, la ira, la envidia, miedo, el enamoramiento, la temeridad o la tristeza desbocada. Se distinguen de sus versiones emocionales positivas por el grado en que se desarrollan: el amor se convierte en pasión cuando provoca que la persona no duerma, que se ponga en peligro, es decir, cuando lo lleva a "perder la cabeza".

El entrenamiento en el gobierno de las pasiones requiere el compromiso casi diario con una serie de ejercicios. Sin los ejercicios de fortalecimiento de los cuádriceps y de los gemelos, no es posible preparar el cuerpo para enfrentar la dureza de correr una maratón. Sin la atrofia del músculo racional, no será viable un adecuado afrontamiento de los golpes de la existencia. Los ejercicios desarrollados en nuestro proyecto son los siguientes:

(1) Movimientos filosóficos afirmativos:
   a. Gobierno de las pasiones y *enkrateia*.
   b. *Diakrisis*.
   c. *Prosoche*.
   d. Visión cómica o *vision from above*.
   e. *Praemeditatio malorum*.
(2) Movimientos filosóficos negativos:
   a. Pérdidas reales o *gymnastiké*.
   b. Aceptación (*amor fati*), humildad y escucha (*akroasis*).
   c. Entrenamiento con las caídas.

Aunque existen otros ejercicios estoicos como el agradecimiento o la parre-
sia, la limitación temporal de las sesiones obliga a BOECIO a seleccionar
los más oportunos de acuerdo con los perfiles a los que se dirigen.

3.2. El gobierno de las pasiones en prisión

Una de las mayores causas de sufrimiento en los recintos confinados es la
violencia, pasión tan importante que Séneca le dedicó su tratado *Sobre
la ira*. Los años de confinamiento cumpliendo una pena, la obligación a
unirse a un grupo en prisión para cumplir sus deseos, la impunidad ante
los abusos, la imposición de relaciones de poder, la mala gestión de las
propias pasiones o las crisis periódicas son factores que convierten los
reclusorios en un caldo de cultivo excelente para la viralización de esta
pasión. La violencia es una moneda frecuente que llega a los bolsillos del
delincuente mucho antes de ser condenado: más del 80 % de los reclusos
cumplen pena por actos violentos, específicamente, por robos con violencia, por violaciones o asesinatos. Normalmente, esta empieza en la infancia con maltrato y violaciones.

Por otro lado, el gobierno de las pasiones resulta de utilidad ante el *enamoramiento apasionado*. Muchas reclusas de prisiones mexicanas cumplen pena por tráfico de drogas o por su involucración en secuestros *exprés*
a extranjeros. Estos delitos son motivados por sus desvaríos emocionales y
por seguir sin previa reflexión lo que sus parejas les dictan.

Un tercer elemento que muestra la utilidad de este gobierno se inscribe
en los procesos de tristeza y depresión que conduce, con harta frecuencia
aunque escasa difusión, al suicidio abierto o encubierto de miles de presos

cada año. La extensión de esta realidad ha conducido a Instituciones Penitenciarias españolas a la creación de Programas de Prevención del Suicidio (PPS)[5] y la existencia de la figura del preso sombra que vigila que sus compañeros no acaben con sus vidas. El dolor y la culpa por el delito, la pérdida de la libertad, la estigmatización social y familiar, las condiciones de las celdas y, en suma, destruir el proyecto de vida previo bloquean siniestramente al delincuente al punto de intentar suicidarse. El proyecto BOECIO no es un programa de evitación del suicidio, aunque busca la autonomía en la toma de decisiones y que estas no se originen en desafueros pasionales o irracionales. El estoico no temía a la muerte y consideraba que, en ocasiones, había que tener la valentía de enfrentarla. No obstante, nunca aceptaría un suicidio por desesperación. BOECIO pretende dotar de herramientas para que la persona decida libremente sobre su existencia. De esta forma, la limitación perceptiva que convierte la nueva situación del novato en la celda en algo, exclusivamente, insoportable se amplía por medio del entrenamiento filosófico. Esto produce, primero, una visión más ajustada a (o, al menos, más amplia de) la realidad y, segundo, evita acabar irracionalmente con la propia vida. La *prosoche*, uno de los ejercicios de BOECIO, abre la perspectiva y los diversos significados e interpretaciones de lo que rodea al individuo. Después de una sesión de BOECIO, una reclusa que entendía la institución penitenciaria como un "agujero semejante a una tumba" se percató de que también era "la salvación de una vida que nunca reflexionó sobre el daño que hizo a los demás".

En cuarto lugar, BOECIO enfrenta la pasión de la *cobardía*. Entrar en una institución penitenciaria requiere altas dosis de astucia para reconocer los nuevos límites y las posibilidades encubiertas. También exige saber situarse respecto a aquello que quiere medir el nivel de valentía. El miedo constituye una fuerza de dominio importante y entendimos que sus bases teóricas pueden desactivarse desde la deconstrucción de la ideología subyacente. La valentía (no nos referimos a la temeridad) surge de un entrenamiento y de un enfrentamiento a la propia limitación. La *gymnastiké*

---

5   El suicidio también es problemático en las fuerzas y cuerpos de seguridad. Por ello, los talleres BOECIO manifiestan su eficacia con todos los perfiles que conviven en prisión.

activa nuevas comprensiones y robustece la resistencia existencial desde el sometimiento del cuerpo a dificultades físicas.

Una quinta pasión conjurable desde BOECIO es la soberbia. La celda es sinónima de entender que la protección personal depende de mostrar un rostro violento y tiránico basado en la asunción de que hay que agredir para evitar ser golpeado. Esto limita la percepción de la propia limitación, impide asumir las fronteras personales y alimenta el endiosamiento. La aceptación, la *akroasis* y la humildad conjuran estas pasiones.

Por último, Foucault recordó dos limitantes kantianas del pensamiento crítico en *Gobierno de sí mismo y de los otros*: la cobardía y la pereza (Focuault, 2009: 50). Hemos hablado de la primera, por lo que descendemos a la segunda. A pesar de que los tiempos y espacios se programan minuciosamente, el centro penitenciario está ahíto de tiempos muertos donde la pereza dilata la maledicencia y la creación de actos malvados. La *enkrateia* lucha contra esta pasión en la medida en que dota de sentido al esfuerzo personal al proponerlo como mecanismo para el modelado del propio rostro.

4. Las acciones comunicativas y la cooperación sinérgica

4.1. Las acciones comunicativas

Jürgen Habermas ha descrito todas acciones realizadas por los seres humanos de acuerdo con el criterio de los fines perseguidos:

> Las acciones en sentido estricto (…) las describo como actividades teleológicas con que un actor interviene en el mundo para realizar mediante la elección y la utilización de los medios apropiados los fines que se propone (Habermas, 1990: 67)

De acuerdo con ello, distingue dos tipos de acciones: las estratégicas o dirigidas a fines y las comunicativas.

Las acciones estratégicas buscan el "propio éxito" (p. 76), es decir, cubrir las necesidades personales olvidando al prójimo o la comunidad. La acción estratégica se entrega a un ejercicio de influencias(p. 131) y a una estrategia competitiva y negociadora en el diálogo para obtener el máximo provecho en un juego, que se entiende, de suma cero. Aquí, se reduce al otro a recurso para lograr los propios objetivos. El individuo estratégico convierte a los demás en un recurso, objeto o instrumento para sus fines.

De esta forma, hipoteca su visión del otro y se incapacita para verlo en su integridad. La visión estratégica contempla al empleado como el ostentador de ciertas funciones adecuadas a la institución. Si estas fallan, se le despide puesto que es incapaz de saltar de esta miopía funcionalista. El problema para este sujeto es que la dinámica dialógica crea los mismos efectos devaluados en quien crea esa perspectiva y, por ende, el sujeto estratégico se acostumbra a vivir como un instrumento de los demás. Entiende que sus interlocutores lo observan como un objeto para cubrir sus necesidades. Por ello, rechaza como falso a quien se presenta más allá de esta perspectiva de transacción capitalista y se convence de que, si no logra descubrir la ganancia que el otro espera es porque se encuentran bien ocultas, no acepta que no existan.

Al otro lado, las acciones comunicativas responden a intentar "entenderse con un destinatario" (p. 76), es decir, se busca abrir el campo de comunicación con la otra persona en un juego de reciprocidad donde el fin reside en el propio juego de conversar. Se persigue que la persona:

> aprenda a haberse acerca de sí mismo y entenderse a sí mismo desde una perspectiva de su destinatario y de que éste, por su parte, asuma la perspectiva desde la que lo ve y lo entiende el primero (Habermas, 1990: 35)

El interés estratégico egocéntrico se desvanece y muta en un intento de "haberse los unos cerca de otros":

> Para entenderse sobre algo, los implicados no solamente tienen que entender el significado de las oraciones empleadas en sus emisiones, sino al tiempo, han de haberse unos cerca de otros en el papel de hablantes y oyentes – en el círculo de otros miembros no implicados de su (o de una) comunidad de hablantes (Habermas, 1990: 34)

Esta aproximación libera de la miopía que vincula toda relación con un interés material. Asimismo, introduce la relación en un juego de amistad que crea comunidades que se buscan por el puro acto comunicativo.

Como en el caso anterior, la frecuencia de estas acciones determina las identidades de sus actores. Se deja de contemplar al otro como un recurso humano y se transforma en una posibilidad para despertar el encuentro auténtico en la línea de lo que Gadamer o la corriente personalista de Maritain, Mounier o Buber han promovido. El otro pasa de recurso humano a amigo. Incluso el tiempo de la relación muta: el rato en que se conversa delante de un café no se mide por la eficacia productivista del capitalismo y abre las dimensiones temporales de la eternidad: una buena conversación introduce a los contertulios en una experiencia profunda que los alza más allá de las expectativas de cada uno de ello.

Una modalidad de pensamiento que profundiza en esta acción cooperativa y sinérgica se lo caliza en el mundo tojolabal. Los tojolabales son los miembros del pueblo maya más conocido de Chiapas (México). Uno de los elementos más destacados de su forma de pensar es la sustitución de la primera persona del singular por la primera del plural, es decir, en lugar de pensar desde el "yo", parten del "nosotros"

> La comunicación en tojolabal se realiza de manera tal que los dos sujetos se complementan, porque para los tojolabales no hay comunicación a no ser que dos o más interlocutores participen en el evento. En efecto saben, *si sólo uno habla y los otros no escuchan, el hablante puede decir mil palabras y habla al viento* (Lekersdorf, 2008a: 67, las cursivas son mías)

Los tojolabales precisan la circularidad del dialogo para hacer posible los actos de sus miembros. De esta forma, la expresión española "yo te dije" requiere dos expresiones: "yo dije" + "tú escuchaste" (Lenkersdorf, 2008a: 13). Esto se pone de manifiesto en la conversación puesto que, para ellos, no existe habla si no hay una alteridad que escucha el mensaje. Lo mismo sucede con la expresión 'oj ka'tikon awi'ex. Aunque habitualmente es traducido como "Lo daremos", realmente se compone de dos expresiones, "Daremos" + "Ustedes recibirán" (Lenkersdorf, 2008b: 37).

La realidad tojolabal nos acerca a un modo alternativo al pensar occidental, uno que es vecino de la propuesta habermasiana; sin embargo, los tojolabales cuentan con una ventaja respecto al alemán. Habermas parte de la identidad del yo y busca la recuperación de la comunidad sinérgica por medio de la acción comunicativa. El tojolabal parte del nosotros, en el que es formado el niño desde pequeño y solo después puede surgir el yo o el ser en general[6]. Las deformaciones incitan el individualismo.

Por ello, el nosotros en el mundo tojolabal no ha de buscarse sino que se afirma desde la raíz del sujeto. En este sentido, la fuerza de su desarrollo es superior.

---

6 Una perspectiva semejante más apegada al existencialismo era la de Maurice Nedoncelle (Burgos, 2012: 119–121).

Además, el nosotros tojolabal no solo abarca a la persona, sino que alcanza la naturaleza, es decir, las plantas, los animales y la madre tierra. Siendo así, el tojolabal se queja de que se haya vendido la tierra para prostituirla y usarla, a pesar de ella nos dio la vida y que nos mantiene (pp. 118-119). El beneficio de esta extensión del nosotros es que favorece que el sujeto no solo se preocupe y sea cuidado por el otro, sino por el medio en el que se integra, es decir, se siente parte del ecosistema humano y del telúrico.

4.2. Las acciones comunicativas en prisión

La mayor parte de quienes acaban en prisión se ha criado en ambientes donde la supervivencia ha sido un factor educativo determinante en la configuración de la propia identidad. Algunos padecieron parte de su infancia con abuelos que, al no disponer de las condiciones materiales les limitaron no solo el alimento o el cobijo saludable, sino el afecto, otros fueron recogidos por instituciones delictivas, también hay quien se crio entre familiares que los sometieron a abusos de diversa índole. En todos estos casos, la supervivencia los condujo a desarrollar relaciones estratégicas centradas en el interés propio básico, vivir. Estas infancias configuraron su carácter y el modo de relacionarse con los demás. Por ello, interpretaron que detrás de las muestras de cariño o de ayuda desinteresada siempre residía alguna búsqueda egocéntrica.

Cuando estas personas llevan al centro penitenciario, las condiciones no mejoran y, por ende, la acción estratégica se afianza. La desconfianza hacia el otro, el mercadeo de productos, de favores o de afectos, la manipulación, las traiciones diarias, la negociación sempiterna y la creación de un rostro arisco que proteja de la bondad, que se considera una debilidad, son corrientes entre rejas.

Los talleres de acciones comunicativas sirven para descubrir, o recordar, modos de relación alternativos a los vividos. Generan ambientes de seguridad para que sea posible habitar al otro y dejarse habitar. Este es un desafío superlativo en BOECIO: abrir la puerta para dejar entrar al otro en estos contextos implica ofrecer públicamente vulnerabilidades que podrían ocasionar la muerte de los participantes de las sesiones.

Debido a esta dificultad, la primera relación comunicativa nueva acostumbra a realizarse entre el educador BOECIO y el preso. En todo caso, el educador nunca debe olvidar dónde se encuentra. Esto quiere decir que la acción comunicativa no puede degradarse hasta una confianza ciega *pasional*. Una auténtica acción comunicativa ha de asegurar que se realiza sin mediar una estrategia o interés personal por ninguna de las partes. Esto quiere decir que se evitarán las acciones delictivas donde una de las partes simule una acción comunicativa y realice una estratégica[7].

Por otro lado, BOECIO enfatiza que los textos que escriben los participantes después de los talleres son de uso personal, es decir, no deben ofrecerse ni al grupo ni al filósofo salvo que así lo estime el participante. Si esto se va a realizar en grupo, el filósofo ha de ser remiso a ello salvo cuando tenga completa seguridad de que lo que se dice en el taller queda dentro. De hecho, invita a que las reflexiones escritas vayan cifradas o dibujadas para que nadie las pueda usar en su contra. El único consejo es escribir citas de filósofos en sus diarios, puesto que esto no compromete ninguna información personal sensible. Ítem más: salvo que el educador BOECIO tenga plena confianza en todos y cada uno de los miembros del grupo, invitará siempre a que imaginen casos y evitará que se narren circunstancias personales colectivamente.

A pesar de todas estas complicaciones, todos los grupos BOECIO integran un grupo de personas que acaban desarrollando una cercanía comunicativa y son el semillero para futuras acciones.

5. Cierre: de la calle de la prisión a la prisión en la calle

Muchas prisiones europeas se sitúan en los confines de las ciudades, como si la exclusión social no fuera un factor meramente interlocutivo sino estructural. Pareciera que se persigue apartar al infractor de la ciudad y

---

7 En una prisión española, sucedía esta deformación de la acción comunicativa en la práctica misional de una monja perteneciente a la pastoral penitenciaria. Un recluso solicitó a la religiosa que le trajera una biblia que le daría su familia. Ella aceptó *comunicativamente* para facilitar la confianza del recluso. Cuando iba a meter el libro en la institución penitenciaria, se descubrió en la requisa que iba cargado de cocaína. He aquí un ejemplo donde el privado simuló una acción comunicativa.

confinarlo en un no lugar y señalar que los "normales" nos encontramos a años luz de aquellos monstruos encerrados. La distancia se presenta como una vacuna que nos previene de que su enfermedad se extienda como una pandemia. La criminalización mediática dibuja al privado con rostros deformados, carentes de dientes, con pijamas a rayas, con rostros hoscos de asesinos en serie o de mujeres perdidas y perdidizas sin maquillaje ni ropa interior. Toda una protección estética que nos resguarda y separa de ellos.

Sin embargo, la prisión no está tan lejos como nos imaginamos y el poder se ocupa de recordarlo. Las distancias reseñadas son tan ilusorias como la manta que nos protegería en nuestra infancia de ser engullidos por el monstruo que salía del armario o el que se escondía debajo de la cama.

Los medios de comunicación nos han mostrado cómo personas de la alta sociedad o personas que podrían formar parte de nuestro círculo más cercano acaban entre rejas y nos inquieta saber que podríamos acabar dentro. Obviamente, sería ingenuo pensar que la población carcelaria es una copia a pequeña escala de la nuestra, puesto que siguen siendo los sectores más depauperados los que la pueblan. No obstante, la televisión avisa que cualquiera podemos entran en ella. Esta estrategia se usa para controlar a los heterodoxos de la norma del poder. Normaliza, es decir, hace entrar dentro de la norma, por medio del miedo a los que no se adaptan al sistema. Lograrlo no requiere de un complejo sistema de vigilancia como el Gran Hermano de Huxley. Será suficiente con crear un sistema donde se una la ley del poderoso y la ética. Este matrimonio anima a los padres a educar a sus hijos a "ser buenos", es decir, a seguir los dictados de la ley o al policía de balcón a ejecutar su función fiscalizadora, como vimos más arriba. La falta de capacidad crítica evitará que padres y policías cuestionen los fines de la ley.

La monstruosidad de la prisión y de sus moradores ayuda a que aquellos que vivimos en la calle podamos sentir la opresión de su poder aun sin haber sido condenados. Desde esta imagen, la prisión no son los muros sino los efectos de la interpretación que la criminalización mediática ejerce sobre la ciudadanía, o los del marco sensológico interesado que generan la posibilidad de acabar en una celda. He ahí la auténtica prisión: el miedo a ser condenado.

Igual que los estoicos señalaban que la muerte no era la frontera de la vida sino que esta se limitaba por la opinión (interpretación) de ese hecho, el poder de la prisión no se aloja en sus muros sino en cómo el poder los ha orquestado en nuestras pasiones. Su influencia se ejerce sobre el que está dentro y, sobre todo, cuando el que está afuera tiembla bajo los efectos de la criminalización mediática(Foucault, 2002: 267; AA.VV, 2011: 13).

La liberación no pasa por adaptarse al sistema, puesto que esto no conjura la posibilidad de que algún día cambien los vientos sociales y que nuestros actos se tornen en delictivos mañana, como sucede en los instantes en que se escriben estas líneas en Afganistán. La libertad se consigue, decían los estoicos, haciéndonos dueños de nuestras representaciones. Quien gobierna sus opiniones, preside sus pasiones y se hace dueño de su existencia.

Regir sobre nuestras pasiones, ser crítico con lo que nos rodea para percatarnos de las sensologías y las ideologías desde las que vivimos y escapar de las limitaciones de la cosificación de las relaciones mediante un pensamiento crítico son las claves para una auténtica manumisión de la esclavitud existencial del presidio a ambos lados de los barrotes.

Referencias

AA. VV. (2011): *Mujeres en prisión. Los alcances del castigo*, Siglo XXI, Buenos Aires.

Arenal, C. (1894): *Cartas a los delincuentes*, Victoriano Suárez, Madrid.

(1896): *El visitador del preso*, Victoriano Suárez, Madrid.

Barrientos Rastrojo, J. (2010): *Resolución de conflictos desde la Filosofía Aplicada y la mediación*, Visión, Madrid.

(2021): "Policías de balcón y otras incidencias foucaultianas" en *Filosofía y nueva normalidad*, CECAPFI, Ciudad de México, pp. 46–54. Disponible *online* en https://www.researchgate.net/publication/345392720_Policias_de_balcon_y_otras_inclemencias_foucaultianas, último acceso 9 de agosto de 2021).

(2022): *Plomo o Filosofía*, UNAM, Ciudad de México.

Burgos, J.M. (2012): *Introducción al personalismo*, Biblioteca Palabra, Madrid.

Crisipo (2006): *Testimonios y fragmentos I*, Gredos, Madrid.

Davis, A. (2003): *Are prisons obsolete?*, Publisher Group, Toronto.

Diestler, S. (1994): *Becoming a Critical Thinker. A User-Friendly Manual*, MacMillan Publishing Company, New Jersey

Engel, S. M. (1994): *With good reason. An Introduction to Informal Fallacies*, St. Martin´s Press, New York.

Ennis, R. H. (1996): *Critical Thinking*. Prentice Hall, New Jersey.

Epicteto (1993): *Disertaciones por Arriano*, Gredos, Madrid.

(2004): *Enquiridion*, Anthropos, Madrid.

Foucault, M. (2000): *Los anormales. Curso del Collège de France (1974–75)*, Fondo de Cultura Económica, México DF.

(2002): *Vigilar y castigar*, Siglo XXI, México DF.

(2006): *Seguridad, disciplina, territorio. Curso del Collège de France (1977–78)*, Fondo de Cultura Económica, México DF.

(2009): *El gobierno de sí y de los otros. Curso del Collège de France (1982–83)*, Fondo de Cultura Económica, México DF.

(2018): *La sociedad punitiva. Curso del Collège de France (1972–73)*, Akal, Madrid.

Govier, T. (1997): *A practical study of argument*, Wadsworth Publishing Company, Belmont.

Habermas, J. (1990): *Pensamiento postmetafísico*, Taurus, Madrid.

Johnson, R.H. – Blair, J. A. (1983): *Logical self-defense*, Mac Graw-Hill, Toronto.

Lenkersdorf, C. (2008a): *Aprender a escuchar. Enseñanzas mayas-tojolabales*, Plaza y Valdés, Madrid.

(2008b): *Los hombres verdaderos. Voces y testimonios tojolabales*, Siglo XXI, México DF,

Paul, R. – Elder, L. (2003): *Miniguía para el Pensamiento Crítico. Conceptos y herramientas*, Fundación para el pensamiento crítico, California.

Perniola, M. (2008): *Del sentir*, Pre-textos, Valencia.

Thomson. A. (2001): *Critical Reasoning in Ethics. A practical introduction*, Routledge, London.

Valls Plana, R. (1981): *La dialéctica. Un debate histórico*, Editorial Montesinos. Barcelona.

Vega Reñón, L. (2003): *Si de argumentar se trata*, Ediciones de Intervención cultural, Mataró.

Francisco Javier Saavedra-Macías, Lara Murvartian,
Joanna Brzeska, Marcelino López

CAPÍTULO 2. TRASTORNOS PSICOLÓGICOS EN LOS CENTROS PENITENCIARIOS: FACTORES EXPLICATIVOS Y CONSECUENCIAS

1. Introducción

Además de los planteamientos filosóficos y políticos que la reclusión de hombres y mujeres en centros penitenciarios pueda generar, la prevalencia de los trastornos psicológicos (PTP) en estos centros es un tema de creciente interés profesional y ciudadano. En las últimas décadas las poblaciones penitenciarias de distintos países han sufrido un generalizado crecimiento. En este escenario, los estudios internacionales confirman la existencia de una elevada PTP en el medio penitenciario. La PTP en los centros penitenciarios es esencial para entender la elevada tasa de suicidios en estos centros, la cual es significativamente mayor que la de la población general, tanto en España como en el mundo.

Otro aspecto importante en la discusión sobre los trastornos psicológicos en los centros penitenciarios, que está directamente relacionado con el estigma asociado a las personas con trastornos mentales graves, es la relación entre los trastornos psicológicos y los delitos violentos. Esta cuestión es muy relevante ya que el estigma es un obstáculo evidente en el proceso de recuperación de todas las personas con trastornos mentales graves, se encuentren internadas en un centro penitenciario o vivan en la comunidad. En este campo los resultados son controvertidos, existiendo un riesgo significativo de cometer delitos violentos en personas diagnosticadas con algunos trastornos. No obstante, como veremos, la asociación entre las conductas violentas y el diagnóstico de algún trastorno psicológico es semejante o inferior a la asociación entre violencia y otras variables de tipo sociodemográfico. Por lo tanto, es necesario relativizar esta asociación para desestigmatizar a las personas diagnosticadas con trastornos mentales.

En el presente capítulo repasaremos sintéticamente todas estas cuestiones. En primer lugar, ofreceremos algunos resultados de estudios de prevalencia nacionales e internacionales. Seguidamente, discutiremos las posibles causas de esa elevada prevalencia sintetizando las hipótesis predominantes. En tercer lugar, trataremos la espinosa cuestión del papel de la enfermedad mental como factor de riesgo para la comisión de delitos, especialmente los violentos. Por último, haremos énfasis en las necesidades de atención psicológica de una población en condiciones de desigualdad y exclusión social.

2. Contexto institucional en España

En España y según los datos del Ministerio del Interior, desde el año 2009 se ha producido un descenso en la población penitenciaria absoluta y por cada 100 000 habitantes. En concreto, en el citado año, había 76 079 reclusos con una ratio de 163 reclusos/100 000 habitantes. En el año 2019 el número absoluto era de 58 517 con una ratio de 125.2 (VV. AA., 2020). A pesar de esta reducción del 19 %, España sigue superando la media de la Unión Europea y se sitúa en séptimo lugar en porcentaje de presos respecto al número de habitantes.

En nuestro sistema penitenciario el 92 % de los internos son hombres. El 81 % se encuentra bajo condena, el 16.1 % se halla en situación preventiva y el resto de los internos se encuentra con medidas especiales de seguridad. Respecto a los tramos de edad, el 79.8 % de la población penitenciaria se encuentra en el tramo de 31–60 años, siendo la población juvenil residual (0,6 %) y la de 26–30 años pequeña (12,7 %) comparada con la de 41–60 años (29,9 %). El porcentaje de internos mayores de 60 años también es muy reducido, un 4,2 %. El porcentaje de internos extranjeros se ha reducido levemente desde el año 2009. En concreto, en ese año supuso el 35.7 %, mientras que en el 2019 la proporción se redujo al 28 %. La mayoría de los extranjeros recluidos en nuestros centros penitenciarios son marroquíes (24,8 %) seguidos muy de cerca por los nacionales de la Unión Europea (23,1 %). La gran mayoría de los delitos están relacionados con el tráfico de drogas y robos. De hecho, nuestras cárceles acogen a más de 9754 reclusos por tráfico de drogas, cifra solo superada por Italia. Por robos, en nuestros centros penitenciarios se recluye a 27 347 personas, cifra solo superada por Rusia.

Es importante destacar que este alto ratio de personas encarceladas por 100 000 habitantes, si lo comparamos con la media europea, no correlaciona con la tasa de criminalidad que padece España. De hecho, España es de los países más seguros de Europa según EuroStat ya que se sitúa entre los últimos diez puestos en casos de homicidios intencionales, en una posición intermedia en cuanto a agresiones y prácticamente a la cola respecto a tasa de robos y atracos. En relación con las agresiones sexuales, España se sitúa en el puesto 27 de los 41 países que estudia Eurostat. Los datos indican un descenso de la ratio de criminalidad en los últimos años. Son algunos países del norte de Europa como Suecia, Noruega o el Reino Unido los que sufren una mayor tasa de criminalidad, mientras que España, Polonia o Grecia disfrutan de tasas de criminalidad reducidas.

3. Trastornos psicológicos en los centros penitenciarios

La elevada PTP en los centros penitenciarios es un hecho contrastado en una gran diversidad de países (Andersen, 2004; Arboleda-Flórez, 2004; Fazel y Seewald, 2012). Existen matices en cuanto a los diagnósticos más prevalentes y, desde luego, debate en cuanto a sus causas (López y cols. 2021), pero la existencia de una PTP mucho mayor en los centros penitenciarios que en la población comunitaria es indiscutible. Mientras que en la población comunitaria española se halló una prevalencia de vida de algún trastorno psicológico (PVTP) de casi el 16 % según uno de los estudios epidemiológicos más rigurosos (Haro y cols. 2006), la población penitenciaria presenta más del 80 % en los tres estudios más exhaustivos realizados en España (ver tablas 1 y 2) (López y cols., 2016; Vicens y cols., 2011; Zabala-Baños y cols., 2016). La determinación detallada de las prevalencias de los distintos diagnósticos tiene especial interés para la salud pública. Especialmente, teniendo en cuenta que existe una infraestimación del diagnóstico psiquiátrico en el ámbito penitenciario. Es decir, existe una población significativa de internos e internas en los centros penitenciarios que no tienen diagnóstico (Fazel y cols, 2016).

Tabla 1. Prevalencia de problemas de salud mental en poblaciones generales nacionales e internacionales

Tipo de problemas	ESEMeD España (Hombres) (Haro y cols., 2006)		ESEMeD Europa (Hombres) (ESEMeD, 2004)		Estudios europeos (Wittchen y cols., 2011)	NCS USA Prevalencia 12 meses (Narrow y cols., 2002)	
	Prevalencia vida	12 meses	Prevalencia vida	12 meses	Preval. anual	Brutas	Con criterios clínicos
Al menos un trastorno mental	15,7	5,3	21,6	7,1	27,1	30,2	20,6
Psicosis					1,2	0,2	0,2
Trastornos afectivos	6,7	2,3	9,5	2,8	7,8	11,1	7,5
Trastornos de ansiedad	5,7	2,53	9,5	3,8	14,0	18,7	12,1
Abuso o dependencia Alcohol	6,5	1,4	7,4	1,3	3,4	9,9	6,5
Substancias						3,6	2,4

Analizar las posibles causas de esa elevada prevalencia puede ayudar a diseñar servicios de salud mental más eficaces, así como a prevenir conductas como la suicida que, como veremos, se encuentran relacionadas con el padecimiento de trastornos psicológicos. Por otra parte, la prevalencia de ellos en los centros penitenciarios está relacionada con el papel de la enfermedad mental como factor de riesgo para la comisión de delitos, especialmente los violentos. Por último, una adecuada imagen de la prevalencia de estos trastornos en las cárceles es imprescindible para la formulación y el desarrollo de estrategias adecuadas para hacerles frente.

En uno de los primeros estudios mediante diagnósticos clínicos *in-situ* en muestra penitenciaria española, PRECA-II, López y cols. (2016) hallaron la prevalencia a lo largo de la vida de una muestra significativa de la población penitenciaria andaluza (ver tabla 2). El 82,6 % de la muestra presentaba antecedentes de haber padecido algún tipo de trastorno psicológico a lo largo de su vida y el 25,8 % de haberlo padecido en el último mes (prevalencia mes). Los trastornos más prevalentes fueron los relacionados con el abuso y dependencia a substancias psicoactivas (prevalencia vida de 65,9 % y prevalencia mes de 6,6 %) y los trastornos afectivos (31,4 % y 9,3 %), de ansiedad (30,9 % y 10,4 %) y psicóticos (9,5 % y 3,4 %). La prevalencia probable estimada de trastornos de personalidad estaba entre el 56,6 % y el 79,9 %, dependiendo del punto de corte del inventario de trastorno de personalidad utilizado.

En relación con otros estudios hay también concordancia en general con los datos nacionales (Vincens y cols., 2011) e internacionales (Andersen, 2004; Fazel y Seewald, 2012), pese a las diferencias de metodología e instrumentos utilizados. En concreto, respecto a las diferencias con el estudio hermano, PRECA-I, Prevalencias Cárceles, (Vincens y cols., 2011), se obtiene un patrón semejante en prevalencia de vida, aunque el PRECA-II arroja significativamente una menor prevalencia en el último mes para todos los diagnósticos.

Como síntesis de los estudios nacionales e internacionales podemos concluir lo siguiente[1] (López y cols., 2021; López y cols., 2016). Los trastornos por abusos y dependencia son los más prevalentes, obteniendo, como

---

1   Para una revisión a fondo de los estudios sobre prevalencia de trastornos psicológicos en las cárceles en español acudir a López y cols. 2021.

Tabla 2. Prevalencia en instituciones penitenciarias. Comparación con estudios nacionales e internacionales

Tipos de problemas	Estudio Inst. Penitenciarias 2006 (DGIP, 2007)	Estudio PRECA I 2008 (Vicens y cols., 2011)		Revisión estudios internacionales (Fazel y cols., 2003; 2012)		Estudio de Andalucía PRECA II 2010 (López y cols., 2016)	
		P. P.	P. V.	2003	2012	P. P.	P. V.
Trastornos Eje I							
Trastornos psicóticos	3,4 %	4,2 %*	10,7 %*	3,7 %	3,6 %	3,4 %	9,5 %
Trastornos afectivos	12,8 %	14,9 %*	41,0 %*	10,0 %	10,2 %	9,7 %	33,7 %
Trastornos de ansiedad		23,3 %*	45,3 %*			10,4 %	30,9 %
Total trastornos funcionales						20,3 %	55,3 %
Abuso o dependencia	36,1 %	17,5 %	76,2 %			6,6 %	65,9 %
Trastornos inducidos						7,0 %	19,5 %
Total trastornos Eje I	49,6 %	41,2 %	84,4 %			25,8 %	82,6 %
Trastornos de personalidad							
Esquizoide			37,2 %				20,0 %
Paranoide			23,3 %				23,6 %
Antisocial			44.0 %	47 %			26,8 %
Límite			32,8 %				35,7 %
Narcisista							35,1 %
Al menos uno	9,4 %		82,3 %	65 %			79,7 %

*Incluye trastornos funcionales e inducidos por enfermedad o consumo de substancias.

en el estudio desarrollado en Andalucía descrito anteriormente (López y cols., 2016), prevalencias que superan el 50 % de la población. Además, estos trastornos destacan por su elevada comorbilidad, siendo habitual que aparezcan junto con trastornos de personalidad o de ansiedad. Los trastornos de personalidad son los segundos más prevalentes siendo el disocial y el límite los más habituales.

La prevalencia de los trastornos de ansiedad es la que más se asemeja a la de la población comunitaria, aunque como en el estudio anterior pueden ascender hasta el 30 % de la población penitenciaria. Aquí también encontramos una elevada comorbilidad con otros diagnósticos.

Algunos estudios también han encontrado una elevada presencia de discapacidades intelectuales (Fazel y Danesh, 2002). A este respecto hay que advertir de la dificultad para evaluar adecuadamente este aspecto sin que la variable de una deficiente escolarización, muy habitual en el medio penitenciario, pueda confundir los resultados. De hecho, en el estudio PRECA-II se decidió no informar de los resultados de discapacidad ya que señalaban prevalencias de discapacidad intelectual de más del 30 %, lo cual indicaba algún problema metodológico grave (López y cols., 2016).

Por último, nos encontramos los trastornos mentales graves (TMG) como la esquizofrenia y las psicosis delirantes que arrojan una prevalencia vida aproximada del 5 % de las personas encarceladas. Son estos trastornos nucleares en el debate sobre la desinstitucionalización que trataremos más tarde.

Aunque la gran mayoría de los internos en centros penitenciarios son hombres, y la criminalidad está claramente sesgada por género, es necesario que diferenciemos las prevalencias totales que hemos visto anteriormente según el sexo. Fazel y Seewald, (2012) hallaron una mayor prevalencia de depresión mayor en mujeres encarceladas que en hombres, aunque las diferencias no fueron significativas. En ese estudio, la prevalencia de los trastornos psicóticos era prácticamente la misma a nivel descriptivo.

En cuanto a las diferencias por sexo en los trastornos por dependencia, está claramente constatado que existen tasas más bajas de trastornos por consumo de sustancias en las mujeres respecto a los hombres en la población general (ESEMeD, 2004). Sin embargo, en la población penitenciaria el caso es distinto. Las tasas de trastornos por abuso de alcohol entre los reclusos son muy semejantes entre hombres y mujeres. Incluso respecto a la dependencia de sustancias son considerablemente más elevadas en mujeres (51 %, rango 43 %-58 %) que en los hombres (30 %, rango 10 %-61 %) de acuerdo con un reciente estudio (Fazel y cols, 2017). Tal y como Baranyi y cols. (2019) apuntan, estos resultados podrían estar relacionados por las menores tasas de encarcelamiento de mujeres. Este hecho implicaría que las mujeres encarceladas son un grupo más extremo entre los individuos de alto riesgo con elevadas tasas de problemas de consumo de sustancias.

En los pocos estudios realizados en países con ingresos bajos o medios se obtienen resultados muy similares a los de los países más desarrollados, aunque entre ellos hay una gran heterogeneidad (Baranyi y cols., 2019). A pesar de que los países en vía de desarrollo presentan una prevalencia más reducida que los países desarrollados en esquizofrenia y depresión mayor en la población comunitaria, estos resultados no se traducen a la población penitenciaria. Baranyi y cols (2019) explican estos resultados por el escaso desarrollo de los sistemas comunitarios de atención a la salud mental en los países con bajos ingresos, que son prácticamente ausentes entre las poblaciones socialmente desfavorecidas y marginadas de estos países, principalmente las que tienen más riesgo de terminar en las cárceles. Además, advierten de las violaciones de los derechos humanos entre las personas con problemas de salud mental durante el encarcelamiento, especialmente en el caso de la psicosis.

Una de las hipótesis más populares de la elevada prevalencia de problemas de salud mental en las cárceles es la relacionada con la llamada "ley Penrose" (Mundt - Konrad, 2019), basada en una correlación estadística negativa encontrada en un estudio de los años 30 (Penrose, 1939) sobre varios países europeos, entre camas en prisiones y en instituciones psiquiátricas (a más cárceles menos hospitales o viceversa). La formulación posterior de la hipótesis es sencilla: la eliminación de camas psiquiátricas durante las reformas de finales del pasado siglo originó un trasvase de pacientes desde los hospitales psiquiátricos a las cárceles. Una visión más sutil y razonable sugiere que el factor a considerar no es el cierre en sí de las antiguas instituciones sino la insuficiente financiación y dotación de los nuevos servicios de salud mental comunitaria que deberían haberlas sustituido (Winkler y cols., 2016). Sin embargo, como suele pasar con las teorías excesivamente reduccionistas, análisis más profundos de esta relación la han refutado, no hallándola en un conjunto de 26 países europeos (Blüml y cols, 2015) o encontrándola solo en países en desarrollo (Large y Nielsen, 2009). Además, esta "ley", utilizada frecuentemente por los detractores de las reformas psiquiátricas llevadas a cabo en Europa, ha sido criticada por fundamentarse en exceso en correlaciones y por diferentes problemas metodológicos (Prins, 2011; Kalapos, 2016). En definitiva, no existe un modelo explicativo que, teniendo en cuenta los matices de los distintos sistemas penitenciarios y de salud mental, pueda relacionar la disminución de las camas en hospitales psiquiátricos y el aumento de los trastornos psicológicos, especialmente los graves, en las cárceles (López y cols., 2021).

Aunque mantengamos serias reservas hacía esta hipótesis, debemos denunciar la débil financiación de nuestro sistema de salud mental en España. Déficit que será mucho más evidente tras el aumento de la incidencia de problemas de salud mental que se predice tras la crisis por COVID-19. Por ejemplo, según datos del Consejo General de Psicología, España tiene cuatro veces menos profesionales de la psicología en la sanidad pública que la media europea (4 por 100 000 habitantes frente a los 18 por 100 000 en Europa) (Defensor del Pueblo, 2020). De manera más general, se ha señalado una evidente e importante infradotación de las distintas categorías profesionales de nuestros servicios públicos de salud mental, si los comparamos con las tasas de otros países europeas con modelos de atención similares, incluso descontando el efecto de sus diferentes niveles de riqueza (López, 2021).

Otra de las hipótesis de la elevada prevalencia de los problemas de salud mental en los centros penitenciarios implica considerar que la delincuencia, especialmente los delitos más graves, se encuentra ligada de forma natural con los trastornos psicológicos graves. En definitiva, esta teoría implicaría explicar el delito y en particular la violencia mediante la enfermedad o el déficit mental. Por su relevancia, dedicaremos a esta hipótesis el siguiente apartado.

4. Violencia y diagnóstico psiquiátrico

La utilización de la enfermedad mental como explicación del crimen o de la violencia es característica de la modernidad. Foucault (1990) nos describe cómo a lo largo del siglo XIX el discurso médico se extiende al ámbito legal y moral hasta el punto de convertirse en uno de los más privilegiados. No es extraño que en el siglo XIX la condena en prisión se consolide definitivamente como castigo legal y que el hospital psiquiátrico adquiera las características que todos reconocemos hoy en día. De hecho, la explicación psiquiátrica de la violencia es muy natural. Ante un homicidio una de las primeras respuestas de carácter coloquial es la de "se ha vuelto loco". Además, la violencia es uno de los rasgos más fuertemente asociados en el imaginario social a los trastornos psicológicos, especialmente a los graves, como la esquizofrenia. Todo ello a pesar de que se estima que no más del 10 % de los diversos tipos de violencia social pueden ser atribuibles a personas con problemas de salud mental (Walsh y cols., 2002). Además, es bien conocido que las personas diagnosticadas con trastornos mentales tienen más riesgo de ser víctimas de violencia que de ejercerla (López y cols., 2009). Por ello, este hecho es uno de los mayores obstáculos a la recuperación y a la rehabilitación de las personas con trastornos psicológicos, especialmente si han cumplido algún tipo de condena. Por estas razones el estudio de la asociación entre las conductas violentas y los trastornos psiquiátricos en el ámbito penitenciario tienen importantes repercusiones en salud púbica.

Hasta los años 90 del pasado siglo, la mayoría de los estudios no encontraron relación entre el diagnóstico de TMG, como la esquizofrenia, y la violencia. Sin embargo, en las últimas décadas tanto estudios prospectivos como retrospectivos han hallado consistentemente un mayor riesgo de conductas violentas en muestras de personas diagnosticadas con esquizofrenia con *odds ratio* (OR) de 1 hasta 7 (Fazel y cols. 2009; Shaw y cols. 2012). No obstante, el riesgo de cometer actos de violencia en personas con diagnósticos concurrentes de esquizofrenia y abuso de sustancia no supera el riesgo que padecen aquellos con solo el diagnóstico de abuso (Fazel y cols. 2009; Wallace y cols., 2004).

Además, en un estudio con una muestra de 473 reclusos en centros penitenciarios andaluces, Saavedra y cols. (2017) halló que estar diagnosticado con algún trastorno psicótico presentaba un OR ajustado de 3.71; $p =.046$, pero que aun más fuerte era el riesgo de violencia para aquellos reclusos con bajo nivel educativo ($OR =10.32$; $p =.029$). Por otra parte, en un estudio prospectivo y longitudinal con reclusos en el Reino Unido,

Keers y cols. (2014) concluyeron que solo los pacientes con esquizofrenia que no fueron tratados se asociaban con el riesgo de conductas violentas.

Halle y cols. (2020) también arrojan datos esperanzadores respecto a la relación entre la enfermedad mental y la peligrosidad, violencia y delincuencia. En su estudio con una muestra comunitaria donde el 47,1 % tenía un diagnóstico de salud mental, encontraron que no existía relación significativa en cuanto a la implicación en la violencia y la delincuencia entre quienes padecían un trastorno psicológico y quiénes no ni entre determinados trastornos y delitos específicos. Estos resultados contradecían a gran parte de la literatura, ante lo cual los autores justificaron que normalmente los estudios en este campo se llevan a cabo con muestras de alto riesgo (pacientes psiquiátricos y reclusos), a diferencia de su muestra, de carácter comunitario. No obstante, los niveles de violencia hallados entre sus participantes fueron elevados, lo que llevó a pensar que quizá otros factores que ya habían sido propuestos en la literatura, como el bajo nivel socioeconómico, aumentan el riesgo de ejercer violencia más que el hecho de padecer un trastorno psiquiátrico. Así mismo, justificaron las diferencias entre sus resultados y los de otros estudios haciendo referencia a las diferentes conceptualizaciones y mediciones de las conductas violentas y agresivas entre unas investigaciones y otras.

En esta misma línea, Cashman y Thomas (2017) encontraron una débil asociación entre la delincuencia violenta y la enfermedad mental en población joven tras analizar las bases de datos con el historial de salud mental y delictivo de una muestra donde el 96 % presentaba historial criminal. Entre los jóvenes, que suele haber más riesgo de victimización, existió además una fuerte relación entre la victimización y la enfermedad mental, especialmente la victimización violenta. En relación con la victimización, Saavedra y López, (2013) hallaron en un estudio sobre las experiencias traumáticas y la psicosis que el 8.87 % de una muestra representativa de la población penitenciaria andaluza había sufrido al menos una experiencia traumática antes de los 16 años. Estos autores utilizaron la definición del DSM-IV de experiencia traumática. Es decir, cualquier evento caracterizado por peligro de muerte o de amenazas hacia su integridad física o la de otros, habiendo reaccionado subjetivamente con miedo intenso, desesperación u horror.

Como se puede observar, el estado de la cuestión es complejo y, hasta cierto punto, controvertido. No obstante, como Douglas y cols. (2009), Saavedra y cols. (20017) y Halle y cols. (2020) han señalado parece ser que variables de tipo sociodemográfico y metodológico están mediando la relación entre el diagnóstico de trastornos mentales y las conductas violentas. A nivel metodológico, el tipo de muestra en el cual se estudia la asociación entre violencia y trastornos psicológicos puede influir en su fuerza, no estando claro si las muestras comunitarias disminuyen (Halle y cols., 2020) o aumentan esa relación (Douglas y cols. 2009). También la forma de categorizar las conductas violentas o el procedimiento de diagnóstico pueden tener un papel relevante en los resultados de las investigaciones. Por otra parte, existen variables sociodemográficas y psicopatológicas que interaccionan con el diagnóstico en su asociación con las conductas violentas. Hemos visto que el nivel educativo y económico es un predictor de la violencia aún más fuerte que el diagnóstico en algunos estudios. El historial de abusos de sustancias o de trastornos psicológicos en la familia también ha sido señalado al respecto. En relación con la psicopatología, algunos estudios han sugerido que no solo es necesario considerar el diagnóstico, sino un tipo especial de síntomas positivos denominados "delirios de amenaza/control" ya que se han encontrado un efecto significativo mediador de estos en las conductas violentas (Swanson y cols., 2006).

Estos resultados apuntan a que la asociación entre diagnóstico psiquiátrico y la conducta violenta, ya sea en muestra comunitaria o institucionalizada, parece existir con un tamaño de efecto pequeño o mediano, pero, y esto es esencial, se encuentra imbricada con una serie de variables sociodemográficas como el bajo nivel económico o educativo en un contexto de marginalización. Quizás se esta red compleja de variables la que mejor explican la violencia y no de forma aislada las variables psicopatológicas. Además, debemos recordar con el objetivo de reducir el estigma asociado a las personas con trastornos psicológicos que estas tienen mucho más riesgo de ser víctimas de violencia que de cometerla (Cashman y Thomas, 2017; López y cols., 2009).

5. Conducta suicida en los centros penitenciarios

Según la organización Mundial de la Salud, cada año se suicidan en el mundo 700 000 (OMS, 2021) personas. La tasa de suicidios en España por 100 000 habitantes en el año 2018 fue de 7.76, todavía más baja que las de otros países de la Unión Europea como Reino Unido, 8.08, Alemania, 10.96, Países Bajos, 10.89, o Noruega, 12.71 (Ministerio de Sanidad de España, 2021). Sin embargo, en España el número de personas muertas por suicidio aumentó un 3,7 % en el año 2019 de acuerdo con el Instituto Español de Estadística (Confederación de Salud Mental España, 2021).

En uno de los estudios más rigurosos y objetivos sobre suicidio y prisiones, Fazel y cols. (2017) calcularon la tasa por 100 000 internos en las cárceles de numerosas naciones entre los años 2011 y 2013. En concreto, esta fue de 43 para España, 83 para Inglaterra y Gales, 81 para Alemania, 99 para Holanda, y 180 para Noruega. Como se puede comprobar la tasa de suicidio entre los internos penitenciarios multiplica en algunos casos por 15 la correspondiente a la población comunitaria. En el caso de España, la multiplica por 6.

La tasa de suicidios en las prisiones presenta dos características. La primera es que, en los países con mayor proporción de población encarcelada, por ejemplo los EE. UU., se encuentra menos tasa de suicidio por 100 000 internos, en este caso 23. Otra particularidad es que esta tasa respecto a la de la población comunitaria es mayor en mujeres que en hombres. Por ejemplo, si en España con un 95 % de intervalo de confianza los hombres tienen una tasa de suicidios en las cárceles respecto a la población comunitaria de 3.7, en mujeres hallamos un 8.7. Es decir, hay mucha más diferencia entre las tasas de suicidio en la comunidad y en las prisiones en las mujeres que en los hombres (Fazel y cols., 2017). En un estudio clásico sobre 95 casos de suicidio en las cárceles holandesas, Blaauw y cols. (2005) hallaron que las variables que mejor explicaban la conducta suicida eran las sociodemográficas como tener más de 40 años y la falta de un hogar, las variables de tipo psicopatológico como la historia de abuso de drogas y de tratamiento psiquiátrico, y las variables legales, por ejemplo, el encarcelamiento previo y la condena por delito violento. Estas variables lograban predecir el 82 % de los suicidios cometidos en la población penitenciaria holandesa con un 0.82 de especificidad. En cualquier caso, además de las variables sociodemográficas y legales, todos los estudios en el medio penitenciario destacan que las variables de tipo psicopatológico son esenciales para predecir la conducta suicida (Arsenault-Lapierre y cols., 2004; Negredo y cols., 2011; Ruiz-Pérez y de Labry-Lima, 2006; Saavedra y López, 2015).

Un estudio en población condenada masculina en centros penitenciarios andaluces confirma la relevancia de las variables psicopatológicas (Saavedra y López, 2015). El análisis de una muestra representativa de 473 internos arrojó que el 33.5 % de la población se encontraba en riesgo de cometer suicidio. Los diagnósticos (prevalencia vida) que mejor explicaban haber cometido un intento suicida fueron los siguientes: trastornos afectivos (OR ajustado 2,733), trastornos de personalidad (OR ajustado 3,115) y trastornos de ansiedad (OR ajustado 1,834), junto con los antepsiquiátricos familiares (OR ajustado 1,630). Estas fueron las variables que se conservaron en el modelo del análisis de regresión final. Aunque teniendo solo en cuenta los OR crudos, disfrutar de pareja y el ser inmigrante funcionaron como factor de protección. Así, en contra de algunos estudios descritos anteriormente, ninguna variable sociodemográfica o legal resistió la entrada de las variables psicopatológicas en el análisis de regresión.

La evidente influencia de las variables psicopatológicas en la conducta suicida y su alta prevalencia en el medio penitenciario, como hemos visto en el apartado anterior, requieren que los internos sean correctamente diagnosticados *in situ*, ya sea por recursos sanitarios normalizados o por servicios psiquiátricos especializados en los centros penitenciarios. Los diagnósticos e información clínica anteriores podrían ser útiles pero insuficientes. De igual modo, es necesario el tratamiento de los trastornos psicopatológicos por equipos profesionales de salud mental durante los internamientos.

6. A modo de conclusión: consecuencias y propuestas de intervención

Aunque los resultados que señalan una mayor prevalencia de los trastornos psicológicos en las cárceles que en la población comunitaria son consistentes, hay que advertir de problemas relevantes metodológicos que nos obligan a ser cautos en su interpretación. Por una parte, el uso de cuestionarios autocumplimentados para evaluar a los internos es muy cuestionable y puede conllevar múltiples sesgos. De forma parecida, el uso de entrevistas diagnósticas breves como el MINI-entrevista neuropsiquiátrica, muy utilizada en este ámbito, en vez de entrevistas diagnósticas exhaustivas, puede derivar en una sobreestimación de los diagnósticos, especialmente de los trastornos de personalidad. De hecho, normalmente, los estudios realizados mediante entrevistas diagnósticas por psicólogos clínicos o psiquiatras entrenados para ello arrojan datos de prevalencia más reducidos (Fazel y cols., 2016) que aquellos que utilizan procedimientos menos rigurosos. Además, las altas prevalencias en trastornos de personalidad pueden estar causadas esencialmente por trastornos como el de conducta antisocial. Algunos de los criterios que definen este diagnóstico, por ejemplo, el incumplimiento de reglas y normas, son de carácter tautológico si lo aplicamos a las personas encarceladas. De esta forma estaríamos psicologizando conductas que estarían relacionadas con factores sociales económicos e incluso políticos que son más difíciles de estudiar.

Por otra parte, dejando aparte los problemas diagnósticos, la conceptualización de lo que se entiende por violencia o como se categorizan los delitos puede variar de una legislación a otra o de un estudio a otro, por lo que hay que ser muy cauto con las comparaciones. No obstante, se han hecho metaanálisis en este campo muy rigurosos (Favril y cols., 2020; Fazel y Danesh, 2002; Fazel y cols., 2017; Fazel y Seewald, 2012).

El debate sobre las causas de esta elevada prevalencia sigue abierto y dos hipótesis compatibles son las más relevantes. Por una parte, es lógico pensar que el entorno penitenciario es muy estresante, especialmente para los internos preventivos que todavía no se han adaptado, y que facilitaría la aparición de diferentes trastornos, especialmente de carácter ansioso-depresivo y adaptativo. No obstante, en un estudio prospectivo realizado en prisiones inglesas se halló que los síntomas de depresión disminuían en los meses siguientes a la llegada a prisión, pero los síntomas psicóticos permanecían estables. Aunque el estudio no tenía la potencia suficiente para realizar diagnósticos psiquiátricos, sugirió que el estrés sufrido al ingreso en prisión no son las únicas explicaciones de las altas tasas de trastornos mentales. En la misma línea, los datos de autoinforme de una encuesta nacional de presos australianos revelaron que alrededor de la mitad de los entrevistados declararon que su salud mental había mejorado durante su encarcelamiento (Fazel y cols., 2016).

Por otra parte, es posible pensar que aquellos que terminan recluidos en las prisiones padecen con más probabilidad trastornos mentales. Es decir, la cárcel importa las personas con trastornos mentales. Esta hipótesis sería secundada por aquellos que defienden la asociación entre violencia y trastorno mental y también serviría de fundamento a los seguidores de la hipótesis "Penrose". Es decir, la disminución de las camas psiquiátricas implica directamente una subida de los trastornos mentales en las cárceles. La psicologización de la violencia puede resultar muy atractiva ya que aporta una explicación simple que deja orillados los factores sociales, económicos y políticos, mucho más incómodos para nuestros gestores. Además, tranquiliza nuestras conciencias al separar en compartimentos estancos aquellas personas con problemas de salud mental y en riesgo de cometer actos violentos, y las personas supuestamente sanas y libres de cualquier riesgo. Sin embargo, lo que nos señala la investigación es que las variables psicológicas, entre las cuales incluimos los trastornos psicológicos, se imbrican en factores como los estilos de vida, nivel educativo, estatus social, eventos traumáticos vitales, recursos sociosanitarios, etc., cuando las estudiamos en relación con la violencia.

Además de la alta tasa de suicidios, una consecuencia muy preocupante de la elevada prevalencia de trastornos psicológicos en los centros penitenciarios son las autoagresiones (Favril y cols. 2020; Fazel y cols. 2016) y la victimización (Fazel y cols., 2016). Nos ocupamos brevemente de la segunda. Como hemos indicado anteriormente las personas con trastornos mentales graves padecen un riesgo elevado de sufrir violencia dentro y fuera de la cárcel, aunque en esta última ese riesgo se eleva. En un extenso estudio con más de 7000 internos en cárceles estatales en los EE. UU., se encontró que 1 de 12 hombres internos con trastornos mentales informó al menos de un incidente de abuso sexual por otro recluso (en el caso de reclusos sin problemas mentales la proporción era de 1 entre 33). Además, este riesgo era tres veces superior en las mujeres con trastornos psicológicos (Blitz y cols. 2008). Padecer trastornos mentales también incrementa el riesgo de sufrir agresiones físicas en las cárceles, en concreto de acuerdo con Teplin y cols. (2005), 1.6 veces más que los internos sin trastorno por parte de un compañero y 1.2 veces por parte de un profesional. De nuevo, las mujeres con problemas mentales tenían más riesgo que los hombres. Estos resultados son esenciales para enfrentarse a la imagen social de las personas con trastornos psicológicos como violentas, una de las características más persistentes del estigma en salud mental. De hecho, estos datos nos demuestran que las personas con trastorno mentales en los centros penitenciarios, pero también en la comunidad, son más víctimas que perpetradores (Eisemberg, 2005).

En cuanto a las posibles intervenciones en el medio penitenciario para enfrentarse a esta alta prevalencia y a los problemas que conlleva, es evidente que es necesario mejorar la atención sanitaria en las cárceles, especialmente la psicológica, desde la identificación de los trastornos hasta su tratamiento (Forrester y cols. 2018). Y esto solo es posible hacerlo en coordinación con los servicios sanitarios públicos. Es evidente que ambas instituciones tienen objetivos diferentes que no se deben confundir, pero ambas tienen responsabilidades sobre estas personas.

Es esencial, cuidar la atención sanitaria y social de aquellas personas con trastornos psicológicos que abandonan las cárceles para evitar recaídas. La continuidad de cuidados debe ser garantizada con un seguimiento de profesionales de ambas instituciones.

También, es necesario que en nuestro país se establezca un procedimiento sistemático de obtención de datos preciso, especialmente de la población femenina. Tal y como López y cols. (2021) afirman:

> "...necesitamos completar la información sobre las prisiones ordinarias y los hospitales psiquiátricos penitenciarios, con datos más precisos y representativos e incluyendo a las mujeres. Pero también sobre las trayectorias anteriores y posteriores a la llegada y salida de las instituciones, completando el perfil de esa "carrera penal" y situándola en el contexto más amplio de las poblaciones generales encarceladas..."

Este es un campo de trabajo idóneo para la innovación social y sanitaria. Por ejemplo, mediante programas de formación específicos a profesionales de las cárceles, fuerzas de seguridad, personal administrativo, funcionarios de prisiones, pero también a operadores jurídicos como abogados o jueces. Por parte sanitaria, sería conveniente que los profesionales que se coordinen con los centros penitenciarios tengan formación forense y que conozca este medio.

Programas de supervisión de internos en riesgo han sido exitosos. En Inglaterra y en Gales se implementó una estrategia nacional de evaluación del riesgo de suicidio en las cárceles que, al menos, en los primeros 10 años desde su nacimiento redujo notablemente los suicidios (Fazel y cols., 2016). En nuestro país, la implementación del Programa Marco de

Prevención de Suicidios en los Centros Penitenciarios, programa regulado por la instrucción 14/2005, redujo la tasa de suicidios en la década 2000– 2010.

La creación de nuevos espacios de control y atención psiquiátrica diferentes del clásico hospital psiquiátrico penitenciario o de los módulos especiales de tratamiento de las cárceles es discutible, pero muy interesante. Estos recursos serían unidades de pequeño tamaño, mixtas, que agruparan personal de instituciones penitenciarias y sanitarias, dedicadas a la atención de todas las personas en los cuales sea necesaria su "recuperación personal" y su "control social" (López y cols., 2021).

Además, y más allá de todas las medidas de carácter clínico o sanitario, cualquier medida de carácter psicosocial en el ámbito de la prevención o la promoción de la salud que mejore la calidad de vida de los internos, y que favorezca el desistimiento del delito mediante la reflexión crítica, como las que se proponen en este volumen, pueden tener un impacto positivo. En cualquier caso y de acuerdo con nuestros comentarios anteriores, todas las intervenciones deben ser adecuadamente evaluadas.

Referencias

Andersen, H.S. (2004): "Mental health in prison populations. A review--with special emphasis on a study of Danish prisoners on remand", *Acta Psychiatrica Scandinavica*, 424, pp. 5–59. https://doi.org/10.1111/ j.1600-0447.2004.00436_2.x. último acceso 12 de diciembre 2021.

Arboleda-Flórez, J. (2004): "On the evolution of mental health systems", *Current Opinion in Psychiatry*, 17(5), pp. 377–380. https://doi.org/ 10.1097/01.yco.0000139973.37566.3b

Arsenault-Lapierre, G., Kim, .C, y Turecki, G. (2004): "Psychiatric diagnoses in 3275 suicides: A metaanalysis", *BMC Psychiatry*, 4(37). https://doi.org/10.1186/1471-244X-4-37Baranyi, G., Scholl, C., Fazel, S., Patel, V., Priebe, S., y Mundt, A. P. (2019): "Severe mental illness and substance use disorders in prisoners in low-income and middle-income countries: a systematic review and meta-analysis of prevalence studies", *The Lancet Global Health*, 7(4), pp. 461–471. https://doi.org/10.1016/ S2214-109X(18)30539-4

Blaauw, E., Kerkhof, F. M., y Hayes, L. M. (2005): "Demographic, Criminal, and Psychiatric Factors Related to Inmate Suicide", *Suicide and*

Life-Threatening Behavior, 35(1), pp. 63–75. https://doi.org/10.1521/suli.35.1.63.59268.

Blitz. C. L,, Wolff, N,, y Shi, J. (2008): "Physical victimization in prison: the role of mental illness", *International Journal of Law and Psychiatry*, 31, pp. 385–93

Blüml, V., Waldhor, T., Kapusta, N.D., Vyssoki, B. (2015): "Psychiatric hospital bed numbers and prison population sizes in 26 European countries: a critical reconsideration of the Penrose hypothesis", *PLoS ONE, 10*(11), e0142163. https://doi.org/10.1371/journal.pone.0142163

Cashman, E. L., y Thomas, S. D. M. (2017): "Does Mental Illness Impact the Incidence of Crime and Victimisation among Young People?", *Psychiatry, Psychology and Law,* 24(1), pp. 33–46. https://doi.org/10.1080/13218719.2016.1195476

Confederación de Salud Mental España (2021):"Las muertes por suicidio crecen un 3,7% en España según las últimas cifras del INE". Disponible online en https://consaludmental.org/sala-prensa/muertes-suicidio-crecen-espana-ine/, último acceso 1 de marzo de 2022.

Defensor del Pueblo (2020): "El defensor del pueblo recomienda al gobierno y las CCAA incrementar la asistencia psicológica en el sistema nacional de salud". Disponible online en https://www.defensordelpueblo.es/noticias/salud-mental/, último acceso 1 de marzo de 2022.

Douglas K. S., Guy L. S., y Hart S. D. (2009): "Psychosis as a risk factor for violence to others: A meta-analysis", *Psychological Bulletin*, 135(5), pp. 679–706. https://doi.org/10.1037/a0016311.

Eisenberg, L. (2005): "Violence and the mentally Ill victims, not perpetrators", *Archive General of Psychiatry*, 62, pp. 825–826.

ESEMeD (2004): "MHEDEA 2000 Investigators . Prevalence of mental disorders in Europe: results from the European Study of the Epidemiology of Mental Disorders (ESEMeD) project", *Acta Psychiatrica Scandinavica*, 420, pp. 21–27.

Favril, L., O'Connor, R. C., Hawton, K., y Vander Laenen, F. (2020): "Factors associated with the transition from suicidal ideation to suicide attempt in prison", *European Psychiatry*, 63(1), pp. e101, 1–7 https://doi.org/10.1192/j.eurpsy.2020.101.

Fazel, S., y Danesh, J. (2002): "Serious mental disorder in 23.000 prisoners: a systematic review of 62 surveys", *Lancet,* 359(9306), pp. 545–550.

Fazel S., Gulati G., Linsell L., Geddes J. R., y Grann M. (2009): "Schizophrenia and violence: Systematic review and meta-analysis" *PLoS Medicine*, 6(8), e1000120. https://doi.org/10.1371/journal.pmed.1000120

Fazel, S., Yoon, I.A., y Hayes, A.J. (2017): "Substance use disorders in prisoners: an updated systematic review and meta-regression analysis in recently incarcerated men and women", *Addiction*, 112(19), pp. 1725–1739. https://doi.org/10.1111/add.13877

Fazel S., y Seewald, K. (2012): "Severe mental illness in 33 588 prisoners worldwide: Systematic review and meta-regression analysis", *The British Journal of Psychiatry*, 200(5), pp. 364–373. https://doi.org/10.1192/bjp.bp.111.096370

Fazel, S., Hayes, A. J., Bartellas, K., Clerici, M., y Trestman, R. (2016): "Mental health of prisoners: prevalence, adverse outcomes, and interventions", *The Lancet Psychiatry*, 3(9), pp. 871–881. https://doi.org/10.1016/S2215-0366(16)30142-0

Forrester, A., Till, A., Simpson, A., y Shaw, J. (2018): "Mental illness and the provision of mental health services in prisons", *British Medical Bulletin*, 127, pp. 101–109. doi: 10.1093/bmb/ldy027.

Foucault, M. (1990): *La vida de los hombres infames*. Ediciones de La Piqueta, Madrid.

Halle, C., Tzani-Pepelasi, C., Pylarinou, N. R., y Fumagalli, A. (2020): "The link between mental health, crime and violence", *New Ideas in Psychology*, 58 (100779). https://doi.org/10.1016/j.newideapsych.2020.100779

Haro, J. M., Palacín, C., Vilagut, G., Martinez, M., Bernal, M., Luque, I., Codony, M., Dolz, M., y Alonso, J. (2006): "Prevalencia de trastornos mentales y factores asociados: resultados del estudio ESEMeD-España", *Medicina Clínica*, 126(12), pp. 445–451. https://doi.org/10.1157/13086324

Kalapos, M. P. (2016):"Penrose's law: methodological challenges and call for data", *International Journal of Law and Psychiatry*, 49(Pt A), pp. 1–9. https://doi.org/10.1016/j.ijlp.2016.04.006

Keers, R., Ullrich, S., DeStavola, B. L., y Coid, J. W. (2014): "Association of violence with emergence of persecutory delusions in untreated schizophrenia", *American Journal of Psychiatry*, 171(3), pp. 332–339. https://doi.org/10.1176/appi.ajp.2013.13010134

Large M, y Nielsen O. (2009): "The Penrose hypothesis in 2004: patient and prisoners numbers are positively correlated in low-and-middle income countries but are unrelated in high-income countries", *Psychology and psychotherapy, 82*(Pt 1), pp. 113–119. https://doi.org/10.1348/147608308X320099

López M. (2021). *Mirando atrás para seguir avanzando. Una reflexión sobre el pasado y el presente de la atención en salud mental,* Herder: Barcelona.

López M, Laviana M,. y López A. (2009): "Estigma social, violencia y personas con trastornos mentales graves", en Markez, I., Fernández, A., y Pérez, P. (Coord.). *Violencia y salud mental. Salud mental y violencias institucional, estructural, social y colectiva,*: AEN, Madrid.

López, M., Laviana, M., Saavedra, F. J., y López, A. (2021): "Problemas de salud mental en población penitenciaria. Un enfoque de Salud Pública", *Revista de la asociación española de neuropsiquiatría.*

López, M., Saavedra, F. J., López, A., y Laviana, M. (2016): "Prevalencia de problemas de salud mental en varones que cumplen condena en centros penitenciarios de Andalucía (España)", *Revista Española de Sanidad Penitenciaria, 18(3),* pp. 76–85.

Ministerio de Sanidad de España (2021): "Notas de prensa. Sanidad publica un documento de recomendaciones a los medios de comunicación para las informaciones sobre las conductas suicidas". Disponible online en https://www.mscbs.gob.es/gabinete/notasPrensa.do?id=5006, último acceso, 1 de marzo de 2022.

Mundt ,A. P., y Konrad, N. (2019). "Institutionalization, deinstitutionalization, and the Penrose hypothesis". en Javed A., y Fountoulakis, K.N. (eds.). *Advances in Psychiatry,* Springer International Publishing, Scham, pp 187-196.. https://doi.org/10.1007/978-3-319-70554-5winkler

Narrow, W. E., Rae, D. S., Robins, L. N., y Regier, D. A. (2002): "Revised prevalence estimates of mental disorders in the United States: using a clinical significance criterion to reconcile 2 surveys' estimates", *Archives of General Psychiatry, 59(2),* pp. 115–123. https://doi.org/10.1001/archpsyc.59.2.115

Negredo, L., Melis, F., y Herrero, O. (2011): *Factores de riesgo de la conducta suicida en internos con trastorno mental grave* Ministerio del Interior, Madrid.

OMS (2021): "Suicidio", Disponible online en https://www.who.int/es/news-room/fact-sheets/detail/suicide, último acceso 1 de marzo de 2022.

Penrose, L.S. (1939): "Mental disease and crime: outline of a comparative study of European statistics", *British Journal of Medical Psychology*, 18, pp. 1–15. https://doi.org/10.1111/j.2044-8341.1939.tb00704.x

Prins, S. J. (2011): "Does transinstitutionalization explain the overrepresentation of people with serious mental illnesses in the criminal justice system?", *Community Mental Health Journal*, 47(6), pp. 716–722. https://doi.org/10.1007/s10597-011-9420-y

Ruiz-Pérez, I., y de Labry-Lima, A. O. (2006): "El Suicidio en la España de Hoy", *Gaceta Sanitaria*, 20 (Supl. 1), pp. 25–31. https://doi.org/10.1157/13086023

Saavedra, J., y López, M. (2013): "Association Between Traumatic Experiences and Psychosis Among Incarcerated Men", *The Journal of Nervous and Mental Disease*, 201(9), pp. 773–779. https://doi.org/0.1097/NMD.0b013e3182a21488

Saavedra, J. y López, M. (2015): "Riesgo de suicidio de hombres internos con condena en centros penitenciarios",*Revista de Psiquiatría y Salud Mental*, 8(4), pp. 224–231 https://doi.org/10.1016/j.rpsm.2013.07.004

Saavedra, J., López, L., y Trigo, E. (2017): "Association between Violent Crime and Psychosis in Men Serving Prison Terms", *The Spanish Journal of Psychology*, 20 (e30), pp. 1–11. https://doi.org/10.1017/sjp.2017.27

Shaw J., Senior J., Stevenson C., Lennox C., y Short V. (2012): "Mental illness, personality disorder and violence: A scoping review", Offender Health Research Network Website. Disponible online en http://www.ohrn.nhs.uk/OHRNResearch/MIviolence.pdf, ultimo acceso 1 de marzo de 2022.

Swanson, J., Swartz, M., van Dorn, R., Elbogen, E., Wagner, H. R., Rosenheck R., Stroup, T. S., McEvoy, J. P., y Lieberman, A. (2006): "A national study of violent behavior in persons with schizophrenia", *Archives of General Psychiatry*, 63(85), pp. 490–499. https://doi.org/10.1001/archpsyc.63.5.490

Teplin, L.A., McClelland, G.M., Abram, K.M., y Weiner., D.A. (2005): "Crime victimization in adults with severe mental illness: comparison with the National Crime Victimization Survey", *Archives of General Psychiatry*, 62(8), pp. 911–21. https://doi.org/10.1001/archpsyc.62.8.911

Vicens, E., Tort, V., Dueñas, R.M., Muro, A., Pérez-Arnau, F., Arroyo, J.M., Acín, E., De Vicente, A., Guerrero, R., Lluch, J., Planella, R., Sarda, P. (2011): "The prevalence of mental disorders in Spanish prisons", *Criminal Behaviour and Mental Health*, 21(5), pp. 321–32. https://doi.org/10.1002/cbm.815

VV. AA. (2020): *Anuario Estadístico. Ministerio del Interior. Catálogo de Publicaciones de la Administración General del Estado.* Disponible online en http://www.interior.gob.es/documents/642317/1204854/Anuario+Estad%C3%ADstico+del+Ministerio+del+Interior+2019/81537fe0-6aef-437a-8aac-81f1bf83af1a, último acceso 1 de marzo de 2022.

Wallace, C., Mullen, P., y Burgess, P. (2004): "Criminal offending in schizophrenia over a 25-year period marked by deinstitutionalization and increasing prevalence of comorbid substance use disorders", .*American Journal of Psychiatry*, 161(4), pp. 716–727. https://doi.org/10.1176/appi.ajp.161.4.716

Walsh, E., Buchanan, A., y Fahy, T. (2002): "Violence and schizophrenia: Examining the evidence", *The British Journal of Psychiatry*, 180(6), pp. 490–495. https://doi.org/10.1192/bjp.180.6.490

Winkler, O., Barrett B., McCrone, P., Csémy, L., Janousková, M., y Höschl, C. (2016): "Deinstitutionalized patients, homelessness, and imprisonment: systematic review", *The British Journal of Psychiatry*, 208(5), pp. 421–428. https://doi.org/10.1192/bjp.bp.114.161943

Wittchen, H. U., Jacobi, F., Rehm, J., Gustavsson, A., Svensson, M., Jönsson, B., Olesen, J., Allgulander, C., Alonso, J., Faravelli, C., Fratiglioni, L., Jennum, P., Lieb, R., Maercker, A., van Os, J., Preisig, M., Salvador-Carulla, L., Simon, R., y Steinhausen, H. C. (2011): "The size and burden of mental disorders and other disorders of the brain in Europe 2010", *European neuropsychopharmacology: the journal of the European College of Neuropsychopharmacology*, 21(9), pp. 635–679. https://doi.org/10.1016/j.euroneuro.2011.07.018

Zabala-Baños, M.C., Segura, A., Maestre-Miquel, C., Martínez-Lorca, M., Rodríguez-Martín, B., Romero-Ayuso, D., y Rodríguez, M. (2016): "Mental disorder prevalence and associated risk factors in three prisons of Spain" *Revista Española de Sanidad Penitenciaria*, 18(1), pp. 13–23. https://dx.doi.org/10.4321/S1575-06202016000100003

BASES PRÁCTICAS

Angel Alonso Salas

CAPÍTULO 1. PRÁCTICAS ESTOICAS EN SANTA MARTHA

1. Reflexionar la finitud

La muerte manifiesta la "finitud", la "caducidad" o la "fragilidad" de la vida del ser humano, de cada una de las personas y seres que conocemos o con quienes convivimos. Finitud se contrapone a "infinitud". Por infinito nos referimos a lo ilimitado, a lo indefinido o lo que no tiene fin. Cuando uno se refiere a la vida del ser humano como infinita, se habla de la eternidad, de aquello que perdura "para siempre". Lo infinito, no posee un límite, no tiene una duración específica, sino que es interminable. Ejemplos de la infinitud son los números reales. Pero la vida del ser humano no es infinita, es finita. Usando una metáfora, la vida del ser humano es como la de un producto lácteo que cuenta con una fecha de caducidad, una fecha estimada que inclusive dice "consúmase preferentemente antes de X", pero no es una fecha que dé una garantía y certeza absoluta del "tiempo de vida", pues podemos abrir un yogurt, leche o crema que "caducó antes de tiempo" o que "continúa en buen estado a pesar de que sobrepaso la fecha de caducidad". Sin embargo, las vidas de las personas no se pueden devolver al dueño de la tienda y exigir una garantía para cambiar dicho producto que va y viene. En este orden de ideas, Séneca plantea en los *Tratados Morales* que "tan pronto como termina un viaje se emprende otro y los espectáculos se cambian por otros espectáculos",[1] es decir, en unas personas mueren y otros nacen. A diferencia del producto lácteo, la pérdida de una persona si genera dolor y un vacío, no es tan fácil sustituirla, como cuando de niños se moría un pez beta o un pollo y nuestros padres los cambiaban por otro, pensando que el niño no se daría cuenta de que era

---

1 Séneca, 1999: 37. Es importante destacar que esta edición o la de Porrúa fue con la que se trabajó en el interior de Santa Martha, debido a que era de fácil acceso y más económica, y, el hecho de que cada una de las estudiantes contaran con estos textos en físico les permitía leer no solo las *Cartas a Lucilio*, sino otras epístolas.

otro pez u otro pollo. Nuestras vidas, la vida de todo ser humano tiene un inicio y un fin, no importa que termine antes de tiempo o que pase mucho tiempo en llegar a su término, sabemos que es algo que va a suceder tarde o temprano, aunque esperamos que se dilate lo más que se pueda. Es esta reflexión sobre la muerte, el morir, lo que ha generado muchas reflexiones y posturas a lo largo de la historia de la filosofía en los que Séneca comparte una postura ante tal acontecimiento.

Vale la pena destacar que todos aquellos intentos de los seres humanos por ser inmortales manifiestan la aspiración del ser humano por ser infinito, ilimitado o eterno. Cuando se quiere que la vida del ser humano (o el periodo "normal" de la vida humana) continúe –y se evite la muerte– se aspira a la inmortalidad. El mismo Séneca refiriéndose a cierta fijación que muchas veces tenemos por permanecer y vivir para siempre, como ese Dorian Gray, siempre joven, nos pregunta: "¿Quieres finalmente saber lo poco que viven? Pues mira lo mucho que quieren vivir" (Séneca, 1999: 73). Y es esa ansia por la inmortalidad la que es cuestionada por el mismo filósofo cordobés.

En el ámbito de la literatura, las obras de los vampiros o de caballerías por mencionar unos ejemplos, hacen manifiesta esta búsqueda por la eternidad y permanencia sin fin, ya sea con el beber de la sangre de otra persona o a través de la búsqueda del elixir de la eterna juventud se puede encontrar la aspiración a mantenerse por siempre, la eternidad, el no envejecer. Pero hasta el momento, la inmortalidad física, es una utopía (teniendo en cuenta que el congelamiento de los cuerpos para "revivir" dichos organismos en un futuro a la fecha no se ha llevado a cabo, así como también que los movimientos transhumanistas todavía no cumplen su objetivo), por lo que conseguir la inmortalidad sigue siendo utópico, por más que aumente la expectativa de vida media de una persona (dependiendo de si es varón, mujer, perteneciente a una población sexo disidente, que viva en Finlandia, Haití o Afganistán). En este orden de ideas, la muerte de una persona constituye una *ruptura con la continuidad o cotidianeidad de la vida*. Ante la muerte, los anhelos de la inmortalidad quedan sin fundamento, o bien, adquieren más fuerza como un deseo por alcanzar, pero que queda en aspiración. La muerte manifiesta la finitud del ser humano. Lo finito es aquello que tiene un fin, manifiesta un período o un momento específico, en este caso un lapso de vida. La vida no es eterna, es efímera, frágil, caduca y momentánea. Ante esto, valdría la pena escuchar el reproche que hace Séneca: "¿por qué te quejas de la naturaleza? Ella se ha portado bien; la vida si sabes usarla es larga" (Séneca, 1999: 62) Comprender que la vida es una y que todo ser vivo cumple un ciclo: nacer-morir, que las cosas son como son y no como quisiéramos que fuera, son unas de las principales enseñanzas que postula el estoicismo de Séneca.

2. Estoicismo

Como es sabido, la filosofía helenística está profundamente influida por el pensamiento socrático, en especial su carácter dialógico, sus métodos inquisitivos de reflexionar y dudar de todo, así como la predicación de lo que se dice con el ejemplo, ser congruentes. A partir del periodo en que gobernó Alejandro Magno, las escuelas filosóficas que surgieron se caracterizaron por ser terapéuticas y por promover la ascesis, con la finalidad de alejar o minimizar la angustia, el sufrimiento y la desgracia existente en esos momentos. A pesar de que existen cinco escuelas (estoicos, cínicos, epicúreos, escépticos y eclécticos), solamente haremos referencia a una de ellas: el estoicismo. Cada escuela, en el fondo es una elección de vida, una postura y forma de vivir, una especie de opción existencial. Se busca la sabiduría como un estado de perfecta tranquilidad del alma y los temas sobre los que se reflexiona son la lógica, la moral, y se hace referencia al sentido y significación que tiene la vida y la muerte.

Al estoicismo se le ha asociado coloquialmente con la resistencia serena "al dolor y a la adversidad, con la virtud de la fortaleza y con la resignación. Una cierta especialización sacaría a relucir la autarquía, así como la *apatheia*, ausencia de pasión, y la ataraxia, tranquilidad del espíritu, como los ideales a cumplir" (Berraondo, 1996: 9). Dicho en el espíritu de Pierre Hadot, el estoicismo más allá de ser un conjunto de doctrinas filosóficas se constituyó como una forma de vida, una concepción del mundo y una postura ante la existencia. El estoicismo fue fundado por Zenón de Citio a fines del siglo IV a. C., y en el siglo II d. C., tendrá un periodo de florecimiento con Séneca, Epicteto y Marco Aurelio. El estoicismo se caracterizó por ser una escuela inspirada en el modelo de la elección socrática, mediante la exigencia del bien, dictado por la razón y con una clara búsqueda de la felicidad a pesar de la situación trágica del hombre condicionado por el destino. Motivo por el que la voluntad de hacer el bien y de actuar conforme a la razón es lo único que está en manos del ser humano, es decir, ante todo el sujeto debe ser coherente con uno mismo. De esta forma, muchos de sus ejercicios consistían en la previsión de males y de la muerte, en donde el objetivo de la vida era alcanzar la felicidad viviendo de acuerdo con la naturaleza.

Es importante destacar que en BOECIO se enfatiza en un aspecto del estoicismo, a saber, las valoraciones que el ser humano hace sobre el bien o el mal, ya que aquello que se ha denominado como "bien moral" es la virtud, aquello que tiene que ver con el logos, entendiendo que la elección de la vida estoica necesariamente tiene que ver con el ser coherentes consigo mismos, y que las actitudes morales se reconocen por la distinción que hacemos entre lo que es bueno, lo malo y lo indiferente, pero no desde nuestra perspectiva sino desde la perspectiva de la naturaleza. A juicio de Séneca: "bienaventurado es pues, el recto de juicio, feliz, el que se contenta con lo presente y es amigo de sus cosas, feliz, aquel a quien la razón hace ver que es bueno el estado en que están sus cosas, sea cual fuere" (Séneca, 1999: 6). De tal forma, podríamos establecer una especie de frase o eslogan estoico: "vivir conforme a la razón, supone hacerlo conforme con la naturaleza y a la ley universal".

Es importante reiterar que, para los estoicos, lo único que depende del sujeto es la intención moral y el sentido que se le da a los acontecimientos. Lo que no depende de nosotros es el destino, el azar, el curso de la naturaleza y las acciones que llevan a cabo los demás sujetos. Desde esta perspectiva, podemos comprender en qué consiste el bien, ya que este es puesto por el sujeto. No proviene de circunstancias externas, sino que, desde la disposición y el origen, es posible ver qué es y hacia dónde va el bien. Es importante destacar que para el estoicismo el bien es acorde a la naturaleza y a la razón. Una de las características del estoicismo es el aprendizaje de la actitud ante la muerte, que metafóricamente hablando podríamos decir que es semejante a aquella vela de un barco que se sostiene y resiste al viento y mar embravecido de la existencia, que es posible transmitirse a todos, aunque de antemano es sabido que tarde o temprano, la vela será rasgada o retirada.

Para el estoicismo, las virtudes fundamentales son la prudencia, la justicia, el valor y la templanza, y la elección de la vida estoica consiste en la coherencia y congruencia con uno mismo. La experiencia "del dolor como mal se combate con la de los ejemplos de quienes se han enfrentado valerosamente a las calamidades, al dolor y a la muerte" (Berraondo, 1996: 54), motivo por el que cuando las circunstancias exteriores se hacen incompatibles con el ejercicio de la virtud, el estoico considera lícito o, incluso un deber, darse muerte. Dicha doctrina helénica sostiene que "el suicidio es sólo lícito cuando es obra de la virtud y el acto virtuoso no puede ser esporádico, sino que debe resultar de un estado del alma en conjunto" (Berraondo, 1996: 55). Para el estoico, la actitud moral recta consistirá en no reconocer como bueno o malo más que lo que es moralmente bueno o malo, y en considerar ni bueno ni malo, luego indiferente, lo que no es moralmente ni bueno ni malo. Lo único que depende de nosotros es nuestra intención moral, el sentido que damos a los acontecimientos. Lo que no depende de nosotros corresponde al eslabonamiento necesario de las causas y de los afectos, es decir, al destino, al curso de la naturaleza, a las acciones de los demás hombres. Para los estoicos el bien moral consiste en aquello que incrementa el *logos*, y el mal, aquello que lo perjudica. El auténtico bien para el hombre es solo la virtud y el verdadero mal solo el vicio.

3. Séneca y el morir

Ahora bien, veamos la argumentación de Séneca sobre la muerte y en especial el morir libre. A lo largo de sus diálogos, epístolas y consolaciones, uno de los tópicos desarrollados es la reflexión sobre el vivir y la postura que uno debe tomar respecto a la muerte. Si bien el análisis de cada una de sus obras sobre estos temas sería un tema de investigación posterior, para fines de este escrito, solamente retomaremos algunos planteamientos que se encuentran en su obra *Sobre la brevedad de la vida*, en la que Séneca exhorta a Paulino a contemplar y vivir la vida y su existencia, sin pasar por alto lo frágil y efímera que es. Sin embargo, a lo largo de su carta, le proporciona ciertos consejos, ya que la mayoría de las veces, se cree que el vivir es el máximo bien, ponderando el tiempo de vida sobre la calidad de esta, y, al postergar la toma de conciencia sobre la finitud, el ser humano olvida lo fugaz y efímera que es la existencia, por lo que "desperdicia" su tiempo. En lo que respecta al tiempo, en dicha carta, Séneca afirma, que no tenemos poco tiempo, sino que perdemos mucho. Bastante larga es la vida que se nos da y en ella se pueden llevar a cabo grandes cosas, si toda ella se empleara bien: pero si se disipa en el lujo y en la negligencia, si no se gasta en nada bueno, cuando por fin nos aprieta la última necesidad, nos damos cuenta de que se ha ido una vida que ni siquiera habíamos entendido que estaba pasando. (Séneca, 1999: 61).

Por este motivo, Séneca aconseja al ser humano a que comprenda que es importante tomar conciencia de que todo tiene un inicio y un fin; que, de acuerdo con la ley de la naturaleza, solemos decir que "todas las cosas nacen, crecen, se desarrollan, se multiplican y mueren", pero la única certeza que tenemos es el nacimiento y muerte, pues el azar en ocasiones impide que un ser crezca, se desarrolle o se multiplique. Por tal motivo, se cuenta con el tiempo justo y necesario en esta vida, no se nos ha entregado ni más ni menos, solamente lo que se necesita, por lo que es necesario aprovechar este tiempo o lapso en cosas y situaciones realmente importantes y no en cosas que sean efímeras o pasajeras. Esta es una de las mayores lecciones que se encarnan y viven en prisión, comprender lo importante que es una visita, una llamada telefónica, una clase, el tiempo que se vivió en libertad, con la hija, el cónyuge, con los seres queridos, por poner unos ejemplos, así como también que el tiempo se mide y vive de forma diferente estando en reclusión, pues no es lo mismo pasar un "día de las madres" o "Navidad" en el interior de un centro penal que "afuera" con tus seres queridos.

Es importante resaltar que la lectura de las cartas de Séneca con mujeres privadas de su libertad resultó en una especie de bálsamo o consuelo, ya que el comprender que las maneras en que ellas miden el tiempo: 501025, a saber, una condena de cincuenta años, 10 meses y 25 días, por poner un ejemplo, te hace comprender todo aquello que vas a perder o que te enterarás a la distancia. Una mujer que ingresa a prisión y su hijo tiene siete años, con una sanción como la que se ejemplificó, vería a su hijo en libertad a los 57 años, perdiéndose la salida de la primaria, su graduación, su boda, el nacimiento de sus nietos, por mencionar algunos eventos, y todo el acompañamiento o tutela que tendrá como madre será vía telefónica o mediante algunas palabras o conversaciones (muchas veces difíciles) los días que llevarán a su hijo a visita. El correr del tiempo se convierte en un veneno, en una agonía y en un enemigo. La lectura de las cartas de Séneca les permitió tener otro enfoque de la vida y el destino, que no se mide por el número de días y horas o por las navidades que llevamos presas, sino por la intensidad de los acontecimientos. En este tenor, y a juicio del cordobés,

> no recibimos una vida corta, sino que somos nosotros los que la hacemos breve; ni somos pobres de vida, sino pródigos. Así como las riquezas, por muy copiosas y regias que sean, si llegan a un mal dueño, al momento se disipan, y aunque sean pequeñas, si se entregan a un buen guardián, se acrecientan con el uso, así nuestra vida se abre espaciosamente al que la dispone bien (Séneca, 1999: 61).

Séneca afirma que el vivir debe tomar en cuenta (o ir a la par) de la reflexión y preparación ante la muerte, motivo por el que proporciona consejos para extraer al máximo partido lo que disponemos, como también el tener presente nuestra propia muerte para que esta no nos tome por sorpresa, cartas que generaron una profunda impresión y reflexión a lo largo de las clases con las participantes del proyecto BOECIO. Veamos algunos de los pasajes sobre los que se reflexionó de manera grupal e individual. El primero de ellos: "mal vive quien no sabe morir bien. A esto, es pues, a lo primero que hay que rebajar de precio, y hay que contar el aliento entre las cosas viles" (Séneca, 1999: 50). Este pasaje llevó a que las chicas reflexionaran sobre el papel que tiene una vida digna, el vivir bien. Puedo contar dos anécdotas que considero fueron paradigmáticas al tocar esta frase. Por una parte, para algunas de las mujeres que están en algún centro penitenciario, la vida que aquí se ofrece es mejor que la que tiene en libertad, en la calle. No solo porque aquí tienen un techo y comida (por pésima que sea la comida de "el rancho" como se denomina a la comida que se distribuye); o porque se encuentran sus amistades o porque encuentran un espacio para concluir sus estudios o estar en la clase de filosofía, sino porque dentro de Santa Martha hay más seguridad y una vida que vale la pena vivirla. Por otra parte, este pasaje llevó a decir a algunas de las estudiantes que si bien, en la cárcel difícilmente uno puede confiar en alguien o tener una amistad sincera, si es posible encontrar gente que actúa de buena fe, que aconseja o previene a las de reciente ingreso del *modus operandi* de la prisión, y de aquello que se sugiere hacer o no mientras uno esté en este Centro. Una segunda cita que fue significativa en el interior de la clase fue este consejo que da Séneca:

> estáis viviendo como si siempre hubieres de vivir, nunca os viene la idea de nuestra fragilidad, ni observáis cuánto tiempo ha pasado ya; lo perdéis como si tuvierais

de él plenitud y abundancia, cuando quizás ese día que concedáis a un hombre o
a un negocio sea el último vuestro (Séneca 1999: 64).

Tal vez, por eso sea tan significativo que exista el taller de BOECIO, pues
alguien ajeno a sus vidas y sus familias les destina un tiempo, parte de su
tiempo que no solo rompe con su rutina, sino que ofrece herramientas
para sobrevivir del encierro, de la angustia o de la situación que se esté
viviendo ese día en el penal. Por eso todo el ritual que se hace en lo que
se espera de la visita se ve fragmentado cuando se acerca la partida. Es
importante resaltar que, a juicio de las personas privadas de su libertad, es
la prisión la que te lleva a valorar aquello que es realmente importante, ya
sea contar con agua caliente, una regadera o un cuchillo para poder partir
una papa. En muchas ocasiones me tocó comer con chicas que estaban en
el sitio que se conoce como "protección" en donde se recluye a las mujeres
que tienen una amenaza de muerte o que el delito que cometieron es de
tal gravedad que corre peligro su vida y se las aísla dentro de la cárcel. En
varias comidas que tuve con ellas durante muchos meses, compartíamos
lo que un día anterior había llevado la visita y me contaban de cómo se las
ingeniaban para partir un alimento o para vivir lo mejor posible en estas
situaciones de encierro, de lo importante que era poner algo que decorara
su estancia para navidad o Día de Muertos, y que les recordaba que si bien
el tiempo transcurría, había una ruptura con la monotonía del encierro,
ya que no se podían dar el lujo de derrumbarse, porque seguían siendo
madres e hijas, y debían ser fuertes. Existía una actitud estoica de no morir
en una situación que las lleva a abatirse, derrumbarse y deprimirse. No
querían morir en prisión, por lo que buscaban ocupar lo mejor posible el
tiempo, vivir lo mejor que se pueda y cortar lo tóxico, hiriente e innecesa-
rio que se encuentra en el interior del penal.

Séneca les mostró que "se ha de aprender a vivir durante toda la vida, y,
lo que aún es quizá más de admirar, toda la vida se ha de aprender a morir"
(Séneca, 1999: 58). Dicho aprendizaje sobre la muerte y acerca de cuándo
uno debe morir, es una de las características del sabio, quien "cuando
viniere su último día [...] no vacilará en ir a la muerte con paso firme"
(Séneca 1999:73). Es importante destacar que el "bien vivir" corresponde
al "bien morir". Séneca al referirse al suicidio, no se refiere a un acto pre-
cipitado originado por temor, venganza o desesperación, sino al acto que
proviene de la razón, que es un acto libre, que es conocido como "morir

libre" o "muerte voluntaria". Y estos temas fueron sumamente significa-
tivos. Contaré tres experiencias. La primera de ellas las llevó a la adquisición de herramientas para afrontar la muerte de un ser querido, ya sea
telefónicamente o en libertad, es decir, apoyar a la distancia o con lo visto
en clase a los familiares que habían perdido a alguien en común (el hermano, la prima o la madre de alguna mujer privada de su libertad) y que
sanaban juntos en la visita, llorando y recibiendo un consuelo. El segundo
caso, fue al aprender a morir, a recibir la muerte. Todavía recuerdo cuando
una de las chicas, consciente de la enfermedad terminal en la que se encontraba quiso compartirnos un baile (pues era bailarina de *ballet*) y mediante
su canto y baile nos motivaba a seguir vivos y a seguir adelante. A ella ya
le quedaba poco tiempo de vida y se sentía con la obligación y ganas de
compartirnos esa parte de su historia, su auténtica pasión, y, varios meses
después falleció. La tercera experiencia las llevó a comprender la valía
que tienen los suicidios, y si bien pareciera que la prisión es un aliciente
para cometer este acto, se cuenta con una profunda claridad de los casos
en que "suicidaron a alguien" y cuando alguien decide hacerlo por mano
propia, pero las mujeres saben que no lo van a hacer, pues siguen siendo
madres y dependen vidas de su existencia. Y en el caso de las personas
que tenían algún conocido, hijo o familiar que se había dado muerte por
mano propia, se les brindaron sesiones con especialistas y se las apoyó con
textos para poder sanar (en la medida de lo posible) este evento trágico
que tenían en su interior.

Es importante resaltar que el estoicismo es una doctrina de la libertad
que está fundada en la posibilidad de la muerte libre, que no es de ningún
modo idéntica al suicidio, ya que, en la mayoría de los casos, el suicidio es
un producto de la pasión (que para el estoico constituye la extrema servidumbre). Es importante destacar que en *Por mano propia*, Diana Cohen
afirma que para los estoicos el suicidio no solo es una libertad *de*, sino
además (y primariamente) una libertad *para*. El hombre para quien el suicidio es una opción genuina es libre de ser aquello que cree que debe ser,
y dicha libertad es posible porque, precisamente, es libre de toda suerte de
compulsión externa (Cohen Agrest, 2007: 155-156).

Ahora bien, como menciona Rist, esta exaltación de la libertad no debe
considerarse como negativa o peligrosa, ya que los estoicos "nunca hablan
de ningún planteamiento que prohibiera el quitarse la vida en cualquier

circunstancia. Lo que les interesaba era ver cuándo es razonable [...] cometer suicidio" (Rist, 1995: 248). Y la reflexión sobre el suicidio tuvo varias sesiones, en las cuales se invitaron a especialistas de psicología y de religión para afrontar casos que algunas de ellas cargaban (con el suicidio de una hija en la que una de ellas se responsabilizaba por no estar allí y evitar dicho acto); el hablar sobre lo que había pasado en la estancia X y cómo le habían gritado a la jefa (la guardia en turno) de que estaba colgada Z y todo lo que esto había generado en el interior de Santa Martha. Por paradójico que se piense, el hablar en un centro penitenciario sobre el papel que tiene el morir, la preparación para la muerte propia o de una tercera persona, o el hablar del suicidio, no generó una ideación suicida, sino que permitió expresar, en una especie de comunidad de indagación, los mitos y sentido que tienen estas prácticas, encontrar en las posturas que cada una daba o lo que se decía desde la tanatología el sentido que tienen estas acciones y considero que ese diálogo sobre algo que estaba presente pero que se evitaba, tal vez, en muchas de ellas disminuyó esa ideación suicida o comprendieron qué era lo que pasaba alguna de sus compañeras, externando así un cierto grado de sororidad y de contención.

Empero, hablar de los temas del bien morir, de la tanatología, de los cuidados paliativos y en especial del bien morir que los conectaba al bien vivir, fueron temas en los que se dialogó de manera personal y grupal. Considero que vale la pena recuperar un apunte que hace Paul-Louis Landsberg al respecto, en donde sostiene:

> la sabiduría estoica no implica necesariamente el suicidio, pero consiste en un estado de la persona en el que ésta se ha convertido en juez libre de su «vivir» según la razón [...] El estoico es un hombre que puede morir desde el momento en que la razón se lo mande. El poder morir empírico de la naturaleza humana en general se ha convertido, en él, en un poder consciente y listo para actualizarse inmediatamente, si el destino requiere a la razón a hacerlo (Landsberg, 1995: 104).

Con respecto a este punto, las estudiantes se preguntaron la postura de Séneca sobre el suicidio, en donde previamente ya se había explicado la importancia que daba al gobierno de las pasiones, la recta razón, a no dejarse llevar por la servidumbre de las pasiones y ya sabían cómo había sido su muerte. En primer lugar, hay que advertir que se mencionó con toda claridad que Séneca concibió la muerte voluntaria como el camino hacia la libertad. Sugiriendo una suerte de cálculo de cargas y beneficios, según el cual los males a padecer han de guardar cierta proporción con los beneficios que la vida puede llegar a ofrecer, afirma que mientras el cuerpo y el espíritu gocen de todas aquellas facultades que permitan llevar una vida digna, no hay motivos razonables para ponerle fin. Distinto es toda vez que las enfermedades o la vejez entorpecen el vivir, en cuyo caso, declara Séneca, la vida no ha de ser retenida (Cohen, 2007: 154-155)

Por este motivo, el filósofo cordobés no promueve el acto suicida, sino la libertad interior que lo vuelve permisible y hasta lo ordena en ciertas circunstancias. ¿Y cuáles son dichas excepciones? A juicio de las personas privadas de su libertad eran todas aquellas que se relacionaban con una enfermedad terminal o que llevaban a reflexionar sobre el tema de la eutanasia. En este sentido, coinciden con el planteamiento de Cohen quien sostiene que principalmente

toda vez que una enfermedad incurable o un dolor insoportable, o hasta la ausencia de los medios mínimos de subsistencia vuelven imposible continuar con una «vida natural», entendida como aquella que se ajusta a un normal funcionamiento biológico, entonces el acto apropiado es, precisamente, la muerte voluntaria. Pero es un acto tan apropiado como
indiferente, pues así como se desprecian los bienes materiales, se puede llegar a despreciar la propia vida (Cohen, 2007: 153)

Si bien, los textos de Séneca que llevaban a compartir con Lucilio las exhortaciones que le daba Séneca de cómo vivir y aprovechar el tiempo, el pensar el papel que tiene el bien morir, el afrontar la propia muerte (no necesariamente mediante el suicidio) sino como una "preparación para", fueron temas que generaron una cohesión y sororidad en el grupo. Se dieron a conocer los aspectos más humanos y sensibles de las integrantes del curso de BOECIO.

4. Séneca y la vejez

Cabe resaltar que el tema de la vejez siempre estuvo presente en el estudio del estoicismo que llevamos a lo largo del proyecto BOECIO, y no tanto por los pasajes que se encontraban en las epístolas de Séneca sino por ese "golpe de realidad" que salía en cada sesión, con frases de "yo entré a los 25 y tengo 49 años"; "es la segunda vez que me encuentro en prisión y si salgo iré a ver la boda de mis nietos"; "cuando uno entra el tiempo pasa muy lento y cuenta el momento en que uno va a salir libre, pero luego se da cuenta que eso no va a pasar"; "te acuerdas de hace seis años que pasamos una Navidad aquí", "a la chica que llegó hace unos días le dieron más de 100 años y no tiene ni 20 años"; "aquí hemos envejecido juntas"; "yo era guapa y delgada, ahora estoy arrugada, vieja y gorda", etcétera.

¿Cómo trabajar la vejez y finitud? Inevitablemente la reflexión sobre la finitud, ese prepararse para morir pero valorar ante todo esta vida que tenemos, llevó a la reflexión sobre la vejez, las enfermedades, los efectos del paso del tiempo y el deterioro físico y emocional que brinda estar purgando una condena o el estar a la espera de que me den una sanción o no es un tema que a todas les afecta. Ellas mismas manifiestan no reconocerse entre la mujer que entró a Santa Martha y la mujer que ahorita está en clase. Hay un marcado deterioro, un cambio de apariencia física que se hace presente en el rostro demacrado y sin vida que tienen, o en el "tirarse a esperar la muerte", en donde muchas mujeres solo salen a lo imprescindible y todo el tiempo están viendo TV, llorando o deprimidas en su estancia. Y en todo esto sobreviene el paso del tiempo y envejecimiento.

Reflexionar sobre el tiempo y el paso de este a partir de Séneca las llevó a compararse con un árbol que entró en primavera y en el auge de retoños, y ahora uno contempla su otoño o invierno. Es frecuente escuchar "yo no tenía tantas canas profe"; "aquí aparecieron mis reumas"; "mi obesidad o diabetes surgió en el penal", entre otros. Y reflexionar sobre la vejez se daba en dos niveles. En primer lugar, y en la mayoría de ellas el valorar a sus padres que en su mayoría son quienes se quedaron con la tutela de sus hijos. Esos nietos (sus hijos) están siendo educados por sus padres mientras ellas salen en libertad, por lo que el papel que para cada persona privada de su libertad tienen sus padres se convierte en un valor absoluto y lo más importante. Se preocupan por el estado emocional de sus padres y se lamentan por no estar allí en ese periodo de vejez. Muchas de ellas buscan obtener cualquier trabajo y tener así un ingreso, pues siguen siendo el sostén económico, no importa que trabajen en la tortillera, en el taller de costura, que carguen garrafones, vendan alimentos, hagan limpieza, cosan o vendan objetos que encuentren en la basura o que roban. Necesitan dinero para cubrir sus necesidades básicas y para que alguien lleve esos pesos para el uniforme, para el regalo de cumpleaños del hijo, para la tarjeta de teléfono y seguir siendo mamá por teléfono. Son conscientes del paso del tiempo en sus padres y en ellas mismas. Y, en segundo lugar, saben que el tiempo ha hecho efecto en ellas, no solo en su físico, sino en la calidad de vida que tienen en el interior de penal. Saben que tienen enfermedades graves (o delicadas) y que los servicios médicos son mínimos o insuficientes, y les conflictúa ver y saber cómo crecen sus sobrinos, primos o hijos y que muchas veces hay una sombra de lo que ellas fueron antes de estar en prisión. Saber que envejece uno y ser consciente del envejecimiento de las otras personas, de cómo cambian sus rostros y se endurece el rostro, voz y mirada es el mayor testigo del paso del tiempo.

Ahora bien, la revisión sobre los textos de Séneca permitió reflexionar esta especie de "corte de caja", en donde metafóricamente se hizo una pausa y se pensó cómo llevaban su vida, la calidad del tiempo que tenían; qué hacían con su existencia, cómo se estaban preparando para morir, y a muchas de ellas las llevó a no resignarse y "tirar la toalla", sino dar un giro, reorientar su tiempo y buscar una calidad de vida en el periodo en que se encuentran, afrontar de otra forma su vejez. En este sentido, y a juicio de Raquel García, quien, en su tesis de doctorado en Filosofía, reflexiona sobre el tema de la vejez en el estoicismo sostiene:

> Séneca destaca el papel de la filosofía para reflexionar sobre la naturaleza del tiempo. La vida, el tiempo y el ser, son tres aspectos de una misma realidad, puesto que, es la vida la que trascurre en el tiempo y es el tiempo el que impone condiciones de existencia para el ser humano. La meditación sobre lo que hacemos con nuestro tiempo, implica igualmente, una reflexión sobre nuestra vida y sobre lo que somos. La fugacidad con que transcurre el tiempo nos hace pensar en que todo es rápido (García Carvajal, 2021: 170)

¿Qué se hizo al respecto? ¿Cómo combinamos esta reflexión sobre el morir y vivir? ¿Cómo trabajar la fugacidad del tiempo, la finitud y la vejez? Se llevó a cabo un tríptico, en donde cada una de las secciones de ese tríptico (tres secciones por el anverso y tres secciones por el reverso de una hoja en blanco) se trabajaba sobre un aspecto, a saber: en el anverso de la hoja i) dibujar mediante una imagen o dibujo, ¿quién soy?; ii) describir el momento más agradable que recuerdo, y, iii) describir para qué soy buena. En el reverso de esa hoja: iv) describir un momento de cómo hice feliz a alguien, v) describir lo que para cada uno es lo más significativo, y, en el vi) hacer un dibujo o imagen libre. Esta actividad fue muy importante y trascendente para ellas, y se le llamó el "tríptico de la esperanza", en donde depositaron parte de su vida. Algunas de ellas se lo dieron a sus hijos o lo sacaban y leían cada vez que estaban tristes. Compartiré algunas de las ideas que fueron descritas allí: la descripción del nacimiento de la hija de X; la descripción de figuras familiares (abuela o padre que hicieron que sea lo que hoy soy); cuando estuve en un momento difícil con mi hermana o con mi madre; diferentes autorretratos; la aceptación de donde estoy y la edad que se tiene; recordar a esa madre, mujer y amante que se quedó afuera del penal; la descripción de la identidad de una persona mediante la descripción de su tierra natal; recordar aquella visita a la playa, los atardeceres, puestas del sol y sonido del mar; la identificación de una rosa y comprender por qué la tenía tatuada en sus manos; recordar que más allá de estar privada de la libertad es una mujer valiosa, confiable, luchona, cariñosa, protectora, entre otras cosas. Sobra decir que quienes compartieron y mostraron ese tríptico, o que explicaron lo que habían hecho hicieron que la clase fuera muy emotiva, muy significativa, que detrás de esos llantos y lágrimas, se recordaba la esencia o lo significativo que se había olvidado por la rutina de la prisión....

5. A manera de conclusión

Finalmente, las prácticas estoicas que han llevado las asistentes del taller de BOECIO las puedo resumir en los siguientes aspectos:

– Aprender a sobrellevar su existencia en prisión bajo el gobierno de las pasiones.
– Encontrar un consuelo en las cartas que escribió Séneca, con la finalidad de valorar su vida y la calidad del tiempo.
– Trabajar en los duelos que cada una arrastra y de los que no pueden participar por estar en prisión.
– Comprender otras formas de medir y vivir el tiempo.
– Reflexionar sobre el suicidio y saber que lo que menos quieren es morir, pues existe un aliciente por el cual vale la pena vivir.
– Valorar la vejez propia, de las amistades y de sus familiares.
– Comprender la valía de quien ha cometido un suicidio, aunque no se comparte esta acción.
– Pensar siempre en lo que depende, lo que no depende y lo indiferente.
– Encontrar un referente en los textos del estoicismo.

- Trabajar la servidumbre de las pasiones y la recta razón.
- Comprender que el silencio, la escucha y estar atento a lo que los otros callan o dicen es una forma de estar cerca del otro.
- Reflexionar el bien morir y la calidad del vivir.
- Adquirir herramientas para afrontar la muerte de sus seres queridos (a la distancia o en libertad).
- Ser sororas y comprensivas hacia el sufrimiento de las compañeras en estancia o piso.
- Trabajar en la "imperturbabilidad del espíritu" o ataraxia.
- Resumir en una frase lo que el estoicismo les ha dejado "Resistir es existir".

Referencias

Berraondo, J. (1996): *El estoicismo,* Montesinos, Madrid.

Cohen Agrest, D. (2007): *Por mano propia. Estudio sobre las prácticas suicidas,* FCE, Buenos Aires.

García Carbajal, R. (2021): *Un examen desde la filosofía estoica para la comprensión de la vejez en la actualidad,* Tesis de doctorado (inédita), Universidad Iberoamericana, Ciudad de México.

Landsberg, P.L. (1995): *Ensayo sobre la experiencia de la muerte. El problema moral del suicidio,* Caparrós, Madrid.

Rist, J.M. (1995): *La filosofía estoica,* Crítica, Barcelona.

Séneca, L.A. (1999): *Tratados Morales,* UNAM, México DF.

Edson Renato Nardi

CAPÍTULO 2. EL PROYECTO BOECIO EN BRASIL

1. Inicio

Este texto describirá el proceso de implementación, aplicación y resultados del Proyecto BOECIO en la prisión estatal de Serra Azul. Como la descripción del proyecto, sus objetivos, fundamentos y estructura investigativa ya se encuentran explicados en el texto de Barrientos Rastrojo (2022), no me dedicaré a tratar estos.

El inicio de todo este proceso tiene lugar el 24 de abril de 2017. Ese día contactamos a Barrientos, que se encontraba realizando una estancia de investigación en la Universidade de São Paulo. A través de un posgrado en consultoría filosófica. A partir de este primer contacto, estrechamos relaciones a través de un evento que realizamos en nuestra institución y mediante el cual Barrientos presentó su experiencia en el área y las investigaciones internacionales que venía realizando hasta ese momento sobre este tema.

A través de estas primeras alianzas, recibimos una invitación de Barrientos para unirnos a él en la investigación piloto que quería desarrollar a través del proyecto BOECIO. La invitación fue rápidamente aceptada por el Centro Universitário Claretiano. Las razones de esta aceptación se debieron a dos aspectos. En primer lugar, la alta calidad investigativa del estudio propuesto. El uso de mecanismos científicos para evaluar el impacto de la implementación de un enfoque didáctico pedagógico, con el uso de grupos control y experimentales es muy raro, especialmente, en el área de Filosofía Aplicada. En este sentido, cabe destacar la investigación realizada por Barr (2017) quien, al analizar 1746 artículos publicados en *Journal of Applied Philosophy* y en el *International Journal of Applied Philosophy* constató:

> Solo algunos pocos artículos, 8 en total (solo el 0,18% de la población), plantean la cuestión de si los esfuerzos filosóficos aplicados en todo el mundo influyeron o no en la resolución de problemas prácticos o en la creación de un cambio positivo. (Barr, 2017: 66–67)

BOECIO está amparado por una peculiaridad científica poco común e importante y, tal característica podría contribuir a la mejora cualitativa de los estudios en esta área del conocimiento en Brasil. Además, brindaría a los investigadores la rara oportunidad de adquirir una sólida experiencia metodológica y científica en este campo de investigación.

El segundo motivo se refiere a la relevancia social y humana del estudio propuesto. Se dirige a un público habitualmente estigmatizado, poco investigado y cuyos objetivos de investigación, si resultan eficaces, podrán contribuir para la creación de un método pedagógico/ filosófico importante para la transformación y mejora de sus condiciones sociales, psicológicas y culturales.

2. La penitenciaría I de Serra Azul

La institución que elegimos para implementar el proyecto fue la penitenciaría I de Serra Azul. Esta unidad penitenciaria está ubicada en el municipio de Serra Azul, en el interior del estado de São Paulo. Se trata de una unidad penitenciaria de régimen cerrado, inaugurada el 12 de marzo de 2002. Tiene una capacidad estimada de 853 internos, aunque, en julio de 2021, aloja 1491 internos.

La elección de esta unidad penitenciaria se debió a que el Centro Universitário Claretiano tiene un convenio con esta institución para ofrecer cursos superiores de grado en la modalidad de Educación a Distancia. Por otro lado, la receptividad de la administración penitenciaria a los proyectos que estábamos desarrollando fue excelente.

Dentro de esta unidad penitenciaria, se construyó una estructura con seis salones de clase, utilizados para ofrecer, a los reclusos, clases de alfabetización y educación primaria y secundaria. Estas clases son impartidas por profesores de escuelas públicas y la enseñanza se lleva a cabo durante los períodos de la mañana y de la tarde. El tamaño y capacidad de las clases es el siguiente:

- Salón 1 –7,5 m de largo x 4,4 m de ancho– capacidad 24 alumnos.
- Salón 2 –6,9 m de largo x 4,5 m de ancho– capacidad 24 alumnos.
- Salón 3 –6,88 m de largo x 4,47 m de ancho– capacidad 20 alumnos.
- Salón 4 –6,88 m de largo x 4,47 m de ancho– capacidad 24 alumnos.

• Salón 5 –6,88 m de largo x 4,43 m de ancho– capacidad 24 alumnos.
• Salón 6 –6,66 m de largo x 3,4 m de ancho– capacidad 18 alumnos.

Para acceder a estas salas, tanto los docentes del sistema escolar público como los aplicadores del proyecto BOECIO deben pasar diariamente por los siguientes protocolos de seguridad:

(1) Detector de metales
(2) Escaneo corporal
(3) Recorrer un camino con 12 barreras de seguridad construidas con puertas de acero o barras de metal y todas ellas son monitorizadas

Después de finalizar los trámites para obtener la autorización para realizar la investigación, realizamos una invitación general a los estudiantes de la universidad para seleccionar a los monitores y profesores que aplicasen a los talleres BOECIO. Se seleccionaron cuatro: tres con estudios universitarios finalizados y uno acabando la carrera de Filosofía. Tales voluntarios tenían que recorrer una distancia semanal de cincuenta kilómetros para realizar los talleres.

3. La elección de los salones de aula y la definición de los grupos

Cuando nos dedicamos a la selección de los grupos, optamos por aquellos que correspondían a los últimos cursos de primaria y comienzo de secundaria. Las clases destinadas a los primeros años de la enseñanza primaria tenían alumnos analfabetos y como los talleres se basaron en la lectura y estudio de textos filosóficos previamente seleccionados no era viable trabajar con ellos[1].

En cuanto a la definición de los grupos control y experimental, optamos por incluir una clase correspondiente al grupo control en el nivel primario y otra en el secundario. Se adoptó el mismo criterio para la selección de clases para el grupo experimental. Así, seleccionamos dos grupos pertenecientes al grupo control, con un total de cuarenta participantes (que,

---

1   La situación ha cambiado en futuras generaciones de BOECIO que se han adaptado a grupos sin capacidad de leer y escribir.

finalmente, quedaron en treinta y siete) y dos grupos pertenecientes al grupo experimental, con un total de cuarenta y cuatro participantes.

En cuanto a la selección del contenido que se trataría en los grupos control, sugerimos tres posibilidades: clases de ajedrez, grandes inventos de la historia o clases de lengua inglesa. Al analizar estas posibilidades junto al profesor Barrientos, concluimos que los talleres de inglés serían los más adecuados para homogeneizar con el resto de los países en que se desarrollaba BOECIO.

4. Desarrollo de los talleres

Aplicamos los test de Webster y Ardelt en la primera semana. Poco después, comenzamos a realizar los talleres semanalmente y, para ello, ocupamos un salón de enseñanza regular. Los participantes fueron identificados con las siglas GC (grupo control) y GE (grupo experimental), el número del participante para la identificación personal frente al estudio y la sigla BR, utilizado para identificarlos como pertenecientes a Brasil. Así, los participantes del grupo experimental se identificaron como GE01BR, GE02BR, GE03BR y así sucesivamente. Los del grupo de control aparecieron como GC01BR, GC02BR, GC03BR y así sucesivamente.

La duración de los talleres fue de en torno a una hora y utilizamos como recursos materiales la pizarra, tiza y fotocopias. Asimismo, regalamos un diario a cada participante para que realizaran sus tareas de inglés o para que tomaran apuntes de las clases y transcribir las reflexiones filosóficas que surgieran a medida que se desarrollaban los talleres de filosofía. En la distribución del cuaderno, ocurrió un hecho singular: como eran encuadernados con alambre, se nos pidió que los cambiemos por materiales pegados con cola para cumplir con los protocolos de seguridad.

En la aplicación que organizamos, los cuatro voluntarios realizaban los talleres y yo ofrecí apoyo pedagógico, filosófico y administrativo. Sin embargo, después de realizar unas cinco sesiones, un voluntario desistió de participar de los talleres. Esto se debió a su desacuerdo con el enfoque de los talleres. Para el voluntario, no existía una definición clara en las sesiones del bien y el mal que los internos debían seguir, ni se incentivaba la necesidad de cambio de comportamiento del detenido ante su maldad. En otras palabras, el voluntario consideraba que el proyecto debería estar orientado para actuar de manera que los detenidos se "recuperasen", para que reconocieran sus errores y adoptasen una posición de acuerdo con lo que él entendía por el bien. Sin embargo, lo que el voluntario consideraba una fragilidad de los talleres propuestos, constituye una gran virtud del proyecto: BOECIO no tiene como objetivo domesticar y adaptar a los individuos a los valores vigentes, sino estimular la reflexión crítica y auto-crítica de su condición existencial y la creación de un espacio de autono-mía y emancipación para la construcción de su *ethos* propio y auténtico. Dicho de otro modo, el voluntario requería de BOECIO la función de guía moral en detrimento de impulsar una reflexión ética autónoma.

Ante la desistencia del voluntario y la imposibilidad de insertar otro suplente y frente al riesgo de que se necesitara cerrar uno de los grupos e instaurar un eventual desequilibrio cuantitativo en los grupos control y experimental, me hice cargo personalmente de la aplicación de los talleres de filosofía en uno de los grupos experimentales.

Durante la aplicación de los talleres, hubo tres momentos en los que se nos impidió realizar los mismos. El primero ocurrió por un riesgo de intento de rebelión debido al traslado de líderes de una facción criminal a una prisión de mayor seguridad. Como protesta, los detenidos de la unidad amenazaban con llevar a cabo rebeliones organizadas. La segunda vez se produjo cuando llegamos al centro penitenciario y ocurrió una inte-rrupción en la transmisión del flujo eléctrico en la región y los responsa-bles temían que podría existir algún riesgo para la integridad física de los docentes y voluntarios. La tercera y última vez tuvo lugar en las fiestas de fin de año, período en que el colegio estaba cerrado.

Un hallazgo relevante que hicimos a medida en que se llevaron a cabo los talleres es que el acceso a los mismos solo se ofreció a los detenidos que mostraban buen comportamiento. Estos se insertaban en módulos de seguridad llamados "pabellones" o "rayos"; estar en estos lugares se con-sideraba un privilegio.

Al finalizar la aplicación de los talleres, aplicamos las pruebas de Webs-ter a veinte internos del grupo control y veintitrés internos del grupo expe-rimental, y veintiséis internos del grupo experimental y veintitrés internos del grupo control en la prueba de Ardelt. Esta diferencia cuantitativa se debió a que se aplicaron en días diferentes. Solo aplicamos a los detenidos que participaron en el inicio, la mitad y el final de las sesiones programadas.

Los nuevos detenidos que ingresaron a las clases también participaron en los talleres, pero, como no habían realizados los talleres anteriores, fueron eximidos de esta actividad. Esta reducción en el número de detenidos que asistieron a todas las sesiones se debió a la alta rotación de los mismos dentro del sistema penitenciario.

Cuando preguntamos a la dirección general sobre la razón de esta disminución, pudimos constatar que algunos fueron trasladados a otras unidades penitenciarias, más cercanas a sus familias, otros fueron trasladados a unidades de menor seguridad por su buen comportamiento y por la reducción de condena, muchos sufrieron sanciones disciplinarias y, como resultado, fueron trasladados a otros pabellones perdiendo el acceso a la escuela y, finalmente, a varios se les concedió la libertad provisional.

Finalizadas las sesiones y aplicación de las pruebas, realizamos un acto de clausura de la primera etapa del proyecto y entregamos certificados de participación a los internos tanto de los grupos experimentales como de los grupos control.

5. La posibilidad de ampliación del proyecto

Después de realizar la encuesta de satisfacción y basándose la prisión en la receptividad positiva de los internos y del cuerpo administrativo de la unidad penitenciaria, sugerimos la posibilidad de continuar con las sesiones y ampliar el número de participantes. Obtuvimos la autorización de la dirección de la unidad, de los responsables del sector pedagógico y de seguridad.

Esta segunda generación integraría algunos cambios. Por una parte, en lugar de utilizar voluntarios externos a la institución penitenciaria, invitaríamos a los internos que se destacaron en los debates y en las producciones de las sesiones anteriores. Algunos de ellos habían actuado como educadores de cursos de formación profesionalizantes ofrecidos por otra institución que trabaja dentro de las cárceles del estado de São Paulo.

Con este cambio, se limitarían las dificultades para los desplazamientos de los educadores y mejorábamos la autoestima y autonomía de los internos. Estas facilidades posibilitaron un aumento sustancial en el número de participantes, pues pudimos programar talleres tanto en la tarde como en la mañana. De hecho, ciento setenta y cuatro internos se unieron a las nuevas sesiones. Aunque los nuevos educadores habían pasado por los talleres como estudiantes, realizamos reuniones quincenales para aclarar dudas y capacitarlos adecuadamente para la aplicación correcta de los mismos. Se celebraron dieciséis de las veintitrés sesiones programadas. Sin embargo, tanto las clases impartidas por los profesores como los talleres de Filosofía tuvieron que ser interrumpidos debido a la pandemia de COVID-19 y, lamentablemente, las acciones se dieron por terminadas.

Un acontecimiento destacado, sucedido en 2021, estuvo motivado por uno de los educadores de la segunda generación. Este consiguió beneficios en su sentencia y fue trasladado a una unidad semiabierta[2], el Centro de Progresión Penitenciaria de Jardinópolis[3]. Esta unidad fue inaugurada en 2013, tiene capacidad para 1080 internos, aunque actualmente cuenta con 1857 internos. Al tomar contacto con otros internos y difundir los conocimientos adquiridos en los talleres de filosofía, se generó un impacto positivo tanto en los internos como en los responsables del sector pedagógico de esa institución penitenciaria. Esto llevó a que el director y el jefe de estudios nos contactase con el objetivo de implementar BOECIO en su institución, inicialmente evitando la parte investigadora debido a las limitaciones de la pandemia.

6. Resultados cualitativos

Como es sabido, el proyecto BOECIO se basa en el uso de instrumentos cualitativos y cuantitativos para analizar el impacto de los talleres de prácticas experienciales. En cuanto a los datos cualitativos, proceden de dos fuentes. La primera de ellas ocurrió mediante la aplicación de una entrevista semiestructurada aplicada a los detenidos tras la ejecución de la

---

2   Se denomina prisión en régimen semiabierto a la pena de prisión que es cumplida en colonias agrícolas o industriales o en instituciones equivalentes. En este régimen, el individuo podrá ser alojado en locales colectivos y el período de pena estará relacionado con su trabajo. Por ejemplo: el condenado podrá reducir un día de pena por cada tres días trabajados.

3   Denominada FUNAP (Fundação Prof. Dr. Manoel Pedro Pimentel) esa institución posee como misión institucional la reintegración social de la persona privada de libertad, ofreciendo oportunidades para su transformación personal como individuo y ciudadano.

mitad de los talleres. En cuanto a la segunda fuente, se originó a partir de las entrevistas y la observación participante de los educadores. En lo referente al primer instrumento, se propuso a los participantes un documento integrado por los siguientes ítems:

1. Número de sesiones en que participó
2. Interés suscitado por las sesiones (0 – 10)
3. ¿Considera que ha habido algún cambio positivo o negativo en tu vida? Califique el cambio en una escala de 0 a 10
4. ¿Podría explicar algún evento que hayas vivido con motivo de los talleres haciendo referencia al contenido de la sesión que te motivó?
5. Si hubo cambios, ¿podría explicar con ejemplos cómo era antes de las sesiones y cómo fue después frente a la misma circunstancia?

A partir de estas preguntas, contemplamos una amplia receptividad y una valoración positiva del proyecto. La puntuación media fue de 9,8 y se presentaron numerosos ejemplos del uso de las propuestas estoicas en el ámbito penitenciario en relación con situaciones enfrentadas en la vida cotidiana en el centro penitenciario o referentes al análisis que hacían de situaciones que potencialmente podrían generar violencia futura. Presentamos a continuación algunas de las respuestas dadas que corroboran esta conclusión. En primer lugar, se presentan dos testimonios en las que individuos pertenecientes al grupo experimental hicieron uso de recursos reflexivos para mudar sus comportamientos previos:

> Antes, si alguien me decía algo menospreciándome no lo aceptaba e iba a pedir satisfacciones donde sea. Hoy, si alguien me dice algo menospreciándome y yo sé que no sabe de qué está hablando, simplemente lo dejo pasar porque como yo sé que no es verdad lo que está siendo dicho entonces no necesito angustiarme (GE9BR, 2020)

> Un día faltaba agua, ese es un problema cotidiano en un lugar super poblado como el penal de Serra Azul. Pero, nos planteamos entre todos cuál sería la mejor forma de afrontar este problema. La solución que consensuamos fue hablar con un funcionario y pedirle que dejara que uno de nosotros (un interno) que trajese agua, que era el lugar al que solían ir los empleados. Así se hizo. La moraleja de la historia: ante un problema que afecta a todos, en lugar de discutir o protestar, se prefirió el diálogo. Sin duda, mirando el resultado, fue la mejor opción a tomar (GE20BR, 2020)

Otros dos ejemplos interesantes hacen referencia al cambio adoptado por los entrevistados ante el análisis de un hecho ocurrido en sus vidas que provocó rencores y planes de comportamiento violento.

Tengo un problema, mi esposa se volvió drogadicta, empezó a salir para beber y acabó abandonándome y nunca más volvió a visitarme. Tenía pensamientos malos acerca de ella: pensaba "cuando salga voy a por ella", pero no sabía cuál sería mi reacción cuando la viese. Solo quería hacer maldades con ella. Hoy, no pienso así gracias al curso. Hubo una clase donde el profesor nos hizo pensar en nuestro problema como si estuviésemos diez años en el futuro, luego cincuenta, cien y mil. De esta forma, pude visualizar el asunto de otra forma. El problema era yo y no ella. Ella me abandonó por cómo era yo y no por su culpa. Hoy, quiero salir de aquí, quiero ir a ella para cuidarla y liberarla de todo el vicio que tiene y también hacerla conocer lo que este curso nos ofrece. (GE10BR, 2020)

Tuve un problema con mi exmujer: ella no quiso firmar el documento para que yo pudiera ver a mi hijo. Por eso, solo pensaba en matarla y, ahora, no pienso así gracias al curso del Claretiano. Gracias a él, aprendí en una clase a ver el problema de aquí a diez años, o incluso cincuenta. De esta forma, percibí cómo el problema se volvía insignificante o incluso yo lo olvidaría. (GE16BR, 2020)

También recibimos informes del sector pedagógico sobre el clima emocional dentro de los pabellones de los participantes del grupo experimental. Estos reportaron mejoras en aquellos individuos que, según el responsable del acompañamiento pedagógico de los proyectos, decidieron aplicar las enseñanzas propuestas en sus vidas.

En cuanto a la observación participante, es importante señalar el siguiente episodio. Cuando realizamos una entrevista en video con los detenidos más destacados, uno de ellos manifestó un camino diferente al de los demás. Desde el principio, este interno se interesó por los libros de filosofía y por su estudio profundo. La filosofía funcionó como una especie de "salvavidas" contra la situación en que se encontraba. A lo largo de su proceso, comenzó a ejercer el liderazgo sobre los demás. En uno de los talleres, informó de su descontento por el hecho de que, a la luz de lo que había aprendido, intentó dialogar con el responsable de seguridad del sector. Este no se mostraba abierto a esta posibilidad. Sin embargo, el taller de *Diakrisis* le enseñó la diferencia entre lo que depende de nosotros y lo que no. Progresivamente, esta realidad y otras semejantes le dotaron de un carácter de autoridad calmada no solo entre los detenidos, sino entre el personal de seguridad. Él medió en algunos conflictos entre los internos y consiguió articular sosegadamente peticiones que hicieron los reclusos. Aunque no todas se consiguieron, el interno no perdió su tranquilidad.

7. Resultados cuantitativos

Los instrumentos cuantitativos que fueron utilizados son la escala de sabiduría desarrollada por Monika Ardelt (3D-WS) y la escala de sabiduría de Jeffrey Webster (SAWS). En la escala SAWS, se puede ver un cambio positivo en varios indicadores en el grupo experimental en comparación con el grupo control.

Presentamos seguidamente los resultados encontrados:

GRUPO EXPERIMENTAL			
Número de Respondentes	44	23	
COMPETÊNCIAS	Média Geral Inicial	Média Geral Final	Variação
Experience	41,6136	42,3043	1,7%
Emotional Regulation	32,7273	37,6957	15,2%
Reminiscence/Reflection	40,6364	42,3478	4,2%
Humour	26,4318	32,6087	23,4%
Openness	34,9091	39,9130	14,3%

GRUPO DE CONTROLE			
Número de Respondentes	37	20	
COMPETÊNCIAS	Média Geral Incial	Média Geral Final	Variação
Experience	41,2703	43,4500	5,3%
Emotional Regulation	35,0270	34,3000	-2,1%
Reminiscence/Reflection	42,1351	42,7000	1,3%
Humour	27,8919	29,1000	4,3%
Openness	36,7568	37,7000	2,6%

Como puede verse, hay una mejora sustantiva en la regulación emocional (1), el estado de ánimo (2) y la apertura (3), si se compara con los datos del grupo control. El ítem de experiencia fue el único ítem en el que la diferencia fue favorable al grupo control en una escala muy pequeña. Ahora, veamos los resultados de la Escala Ardelt:

Grupo Experimental

Somatório	Qinicial	Qfinal	Diferença	
Tipo A	41,65	45,731	4,077	9,79%
Tipo B	46,58	44,769	-1,808	-3,88%
Tipo C	38,58	41,269	2,692	6,98%

Somatório	Qinicial	Qfinal
Total	42	42
Responderam	26	26
Não responderam	16	16
	61,90%	61,90%

Grupo Controle

Somatório	Qinicial	Qfinal	Diferença	
Tipo A	39,83	42,130	2,304	5,79%
Tipo B	41,74	42,913	1,174	2,81%
Tipo C	37,43	39,652	2,217	5,92%

Somatório	Qinicial	Qfinal
Total	43	43
Responderam	23	23
Não responderam	20	20
	53,49%	53,49%

Como se puede observar, en el instrumento Ardelt, los datos del grupo control, aunque en pequeña proporción, fueron superiores al grupo experimental en el ítem B, este ítem se refiere a la dimensión cognitiva. Por otro lado, el grupo experimental mostró resultados superiores en las dos otras dos dimensiones: afectiva (Tipo A) y reflexiva (Tipo C). Esta sutil discrepancia entre los resultados en estos testes, al compararlos con los resultados efectivamente más destacados, favorables a los grupos experimentales, producidos por el teste de Webster, apuntan a un aspecto interesante a investigar en futuras aplicaciones y, además, hizo con que nos dediquemos a analizar todo el proceso de aplicación de las evaluaciones, sesiones y protocolos previstos. El resultado de este análisis se presentará en el siguiente ítem. No obstante, avanzamos que hubo un problema en la aplicación de los test en el grupo experimental, puesto que allí, no se explicaron las preguntas, cosa que sucedió en el grupo de control.

8. Conclusiones preliminares

De los elementos presentados hasta el momento, se concluye que los resultados iniciales presentados son alentadores, apuntando a la posibilidad de que los talleres brindados favorecen la mejora del individuo en reclusión en varias de las destrezas y habilidades adquiridas. Algunos resultados inesperados sugieren la necesidad de mejorar algunos procedimientos de aplicación que se comentan abajo con el fin de eliminar eventuales variables que pudieran haber favorecido la aparición de las mismas.

Otro aspecto que considero relevante señalar es sobre el hecho de internos que, después de aplicar su pensamiento crítico, recibieron sanciones disciplinarias. Esto lleva a preguntar si las instituciones penales estarán preparadas para proyectos orientados al desarrollo de habilidades filosóficas como las propuestas por BOECIO. Volviendo a consideraciones iniciales, el proyecto no apunta a una "domesticación" moral y/o a la adaptación en un cierto patrón de "normalidad" dado que, uno de los principales objetivos del proyecto es el desarrollo del citado pensamiento crítico.

Muchas instituciones penitenciarias tienen como ejemplo de éxito institucional la domesticación y normalización de los internos, su adaptación a estándares previamente construidos por el poder. Las prisiones interpretan cualquier tipo de cuestionamiento de este ideal de éxito y/o el cuestionamiento de cualquier rutina disciplinaria interna como una amenaza a sus objetivos. Ambos factores conducen a que BOECIO reciba algunas resistencias de los agentes institucionales del Estado.

Por otra parte, es relevante señalar otra conclusión referente al hecho de que la *expertise* científica metodológica proporcionada por el proyecto, ampliamente reconocido por el medio científico, puede contribuir a la difusión de nuevos enfoques investigativos dentro del campo de las humanidades y la filosofía aplicada.

A partir de estos elementos, se concluye que existe la necesidad de dar continuidad y ampliar el proyecto para poder contar con datos cada vez más robustos. Si esos nuevos datos corroboran los resultados iniciales señalados en este texto, efectivamente se estará creando un enfoque didáctico pedagógico importante para la transformación de vidas y personas que se encuentran en entornos de reclusión.

Anexo: propuestas de mejora

La aplicación de los talleres de filosofía presentó importantes resultados iniciales favorables a los grupos experimentales en comparación con los grupos control. Sin embargo, después de analizar los datos y evaluar todo el proceso de realización del proyecto que llevamos a cabo y la sutil discrepancia encontrada en el test de Ardelt, existen algunos procedimientos que se deben impulsar para mejorar los protocolos con el fin de lograr mayor confiabilidad en los datos a obtener. Las revisiones propuestas son las siguientes:

- *Cambio en el formulario de consentimiento informado.* Como es sabido, esta investigación se realizó con seres humanos y, por ello, se hizo uso de reglas éticas establecidas por los Comités de Ética en Investigación presentes en el Departamento de Administración Penitenciaria y en el Centro Claretiano Universidad y necesitó de la consecuente autorización de los objetivos de esta investigación. Para ello, se incluyó que se informaría a cada persona si pertenecía al grupo experimental o de control. Ahora bien, haciendo una analogía de la investigación dirigida al área de la salud, cuando tenemos grupos control y experimentales, es fundamental que tanto los grupos control como los grupos experimentales no sepan si están recibiendo la intervención destinada a evaluar o un mero "placebo". Por ello, es necesario en las siguientes etapas cambiar lo descriptivo presente en el término para que los contenidos no se identifiquen específicamente para mantener la incerteza sobre quién recibió realmente el procedimiento para ser evaluado por la investigación.

- *Cambio en la selección de los grupos que conformarán los grupos de control y experimental.* Tanto el grupo de control como el grupo experimental realizaron los talleres a la misma hora y lugar y cada uno recibía los respectivos textos aplicados en los talleres. Aplicando nuevamente la analogía con las investigaciones en el área de la salud, si entendemos los textos y actividades propuestos en los talleres de filosofía como componentes de una vacuna que es inoculada para que, progresivamente, produzca el deseado efecto, el contacto de los grupos control con estos textos o con los diálogos mantenidos con individuos del grupo experimental, tanto en el momento de la aplicación de los talleres como en el contacto diario que mantenían, puede haber proporcionado al grupo control el acceso a esta medicina. Por eso, el grupo control y el experimental no deben tener contacto entre sí durante la aplicación del proyecto, para minimizar la posibilidad de "contaminación" de un grupo por el otro.

- *Establecimiento de un protocolo específico para la aplicación de los test Ardelt y Webster.* A diferencia del área de salud, donde la evaluación de la efectividad de un determinado fármaco se realiza a través de una misma forma de recolección de datos (exámenes realizados por dispositivos, recolecciones de sangre, etc.), tanto en los grupos control como en los grupos experimentales no ocurre lo mismo en la aplicación de los instrumentos de BOECIO. Si el educador entrega el cuestionario y no aclara las preguntas o no explica cada ítem, los resultados se pueden influir. Esto es lo que sucede con el test de Ardelt: se aclararon cuestiones al grupo de control pero no al grupo experimental. Por ellos, es necesario un protocolo único específico para la presentación de los test y su aplicación en ambos grupos.

- *Atención a la especificidad del contexto en el que se encuentra el interno.* Como se informó anteriormente, durante la aplicación de los talleres, descubrimos que los internos que se encontraban en la escuela eran los que mostraban buen comportamiento y de esa forma podían hacer uso del beneficio de tener acceso a BOECIO. Estos "buenos estudiantes" pueden verse coaccionados, siquiera de forma inconsciente a no desistir del proyecto debido a las consecuencias de abandonar un curso. En este sentido, sería interesante aplicar el proyecto en ambientes donde no existe este beneficio. Asimismo, sería bueno establecer una eventual comparación de los datos obtenidos en esas unidades con las unidades donde eso ocurre.

• *Alta rotación en el ambiente penitenciario.* Vimos que hubo un cambio significativo en el número de internos que participaron en los talleres. Por ello, la aplicación de BOECIO en las cárceles donde los individuos deberán permanecer más tiempo podría ayudar a reducir el número de evasiones del proyecto y, consecuentemente, favorecer, a través de un aumento en el número de participantes, la obtención de datos más relevantes y completos para el proyecto.

• *Capacitación adecuada de los aplicadores.* Otro aspecto de suma importancia se refiere a la necesidad de que los aplicadores estén debidamente capacitados para realizar los talleres previstos en el proyecto. Dada la singularidad del enfoque desarrollado, la sutileza del objetivo filosófico que se pretende en cada taller, es necesario que las actividades que se propongan para realizar a lo largo de la semana por los internos, las explicaciones sobre el concepto filosófico a implementarse y los textos sugeridos, para análisis, sean "religiosamente" seguidos para evitar la fragmentación e, incluso, un efecto contrario al propuesto por los talleres.

• *Selección de perfiles adecuados para la implementación del proyecto.* Los problemas que señalé al inicio de mi texto, en cuanto a las representaciones que muchos tienen de la función de la institución penitenciaria y los objetivos que se deben perseguir en las propuestas pedagógicas en estos ambientes (tendencia a entender la educación como una adaptación ideológica al buenismo social) señalan la necesidad de selección de educadores BOECIO abiertos a la capacidad crítica, al diálogo filosófico y que dispongan de una posición no dogmática. Todas estas son condiciones importantes para que los talleres se desarrollen adecuadamente y produzcan el beneficio deseado.

Referencias

Barr, K.R. (2017): *Practicing Relevance: The Origins, Practices, and Future of Applied Philosophy*, Teses de Doctorado, University of North Texas, 2017.

Barrientos Rastrojo, J.. *Plomo o filosofía*, UNAM, México, 2022.

Víctor Andrés Rojas Chávez y Cindy Tatiana Carrero Torres

CAPÍTULO 3. FACILITADORES DE DIÁLOGOS FILOSÓFICOS CON PERSONAS PRIVADAS DE LIBERTAD

1. Las prácticas filosóficas y su relación con las comunidades de diálogo en la formación ética

La discusión sobre la enseñanza de la filosofía ha ganado vigencia en los últimos años gracias al avance y desarrollo de algunas experiencias en las que lo filosófico se ha puesto al alcance de distintos tipos de poblaciones, contextos y grupos etarios, descentrando su campo de acción en el tradicional salón de clase o en las diversas bibliotecas, que durante años han sido los principales recintos, cuasi sagrados, del conocimiento. La popularización de la filosofía, por decirlo de alguna manera, ha tenido como consigna la comprensión de la filosofía como una actividad propia del ser humano caracterizada por el sentido reflexivo, crítico del pensamiento o como, lo afirmaría Arnaiz "no tanto como una disciplina o un saber, sino como una práctica, una actividad que se practica con los otros, e incluso «un modo de vida»" (Arnaiz. 2007).

En este sentido, siguiendo este autor, la proliferación de prácticas filosóficas en el mundo también ha respondido, a la aparición de ciertas publicaciones de divulgación filosófica tales como *Ética para Amador* de Fernando Savater, *El mundo de Sofía* de Jostein Gaarder o *Más Platón y menos Prozac* de Lou Marinoff. Obras que señalaron, en su momento, un acceso al mundo de la filosofía por parte de distintos grupos de personas y que delinearon un camino para la generación de ambientes sociales distintos a la escuela tradicional, donde los problemas de la vida sean contemplados de forma filosófica o desde donde se logra hacer de los grandes problemas filosóficos temas de la cotidianidad. Este acceso a un mundo, tal vez muy especializado, es el que ha dado paso a los llamados "cafés filosóficos", talleres de filosofía en ambientes no formales, retiros filosóficos e incluso el fortalecimiento de prácticas filosóficas en ambientes carcelarios, como es el caso del grupo BOECIO liderados por el profesor José Barrientos desde su perspectiva de filosofía aplicada.

Al respecto, Barrientos (2019) acentúa este tipo de práctica filosófica, muy en relación con las habilidades de pensamiento planteadas por Matthew Lipman (1992) y relacionadas con procesos, tales como el análisis de razones, la exploración de conceptos, la formulación de preguntas, el examen crítico de las razones, la identificación de falacias, el planteamiento de hipótesis, entre otras.

> La Filosofía Aplicada no ofrece los contenidos como productos dados, sino que pretende ayudar a individuos y grupos a que encarnen filosóficamente la vida o mejoren los modos filosóficos en los que existen por medio de una mayor profundización crítica. La pretensión no es enseñar el pensamiento de Merleau-Ponty sino que tengan la experiencia de pensar desde Merleau-Ponty los asuntos que les preocupan. Así, se actualizaría un genitivo subjetivo filosófico, esto es, en el taller no se vive por medio de las estructuras propias, sino que se incentiva la experiencia de que el participante piense y viva durante las sesiones merleau-pontyanamente (o rortyana, heidegeriana o aristotélicamente). Esta experiencia abriría sus sentidos y facilitaría una mayor apertura que podría conducir a la disolución de problemas (aunque este no sea el objetivo). (Barrientos Rastrojo, 2019)

Esta manera particular de comprensión de la filosofía ha dado lugar a un interesante planteamiento de metodologías en las cuales se asegure dicho filosofar y se creen las bases para la configuración de procesos de investigación filosófica desde lo individual y lo social. Tal es el caso del programa Filosofía para Niños de Mathew Lipman y Ann Sharp, quienes inspirados en las comunidades de investigación planteadas por Charles Sander Peirce resaltan la fuerza de lo comunitario para el ejercicio público de la razón o para la provocación de ese movimiento autónomo del pensar. Recordemos que al respecto Pierce, tomando distancia de epistemologías cartesianas plantea cómo la investigación tiene forma comunitaria al requerir el intercambio, interconexión o intercomunicación entre los participantes.

> Sólo cuando un grupo de hombres, más o menos en intercomunicación, se ayudan y se estimulan unos a otros al comprender un conjunto particular de estudios como ningún extraño puede comprenderlos, llamo a su vida ciencia. No es necesario que todos trabajen sobre el mismo problema, o que todos estén completamente familiarizados con todo lo que otro de ellos tiene necesidad de saber; pero sus estudios deben estar tan estrechamente ligados que cualquiera de ellos pudiera hacerse cargo del problema de cualquier otro después de algunos meses de preparación especial y que cada uno entendiera bastante minuciosamente en

qué consiste cada uno de los trabajos de los otros; de modo que al juntarse dos de ellos, estarían completamente informados uno de las ideas del otro y del lenguaje que éste hablara y se sentirían como hermanos. (Peirce Ch, 1905)

Las prácticas filosóficas serían así, ambientes comunitarios en los cuales se anima a los participantes a pensar filosóficamente "desde procedimientos de la investigación, con las técnicas responsables de búsqueda que presuponen una apertura a la evidencia y a la razón" (Lipman, 1992, pág. 118). Este carácter social de la investigación refuerza el propósito por estimular la reflexión filosófica a partir de la configuración de espacios que permitan la discusión de las distintas interpretaciones de los participantes. Ambiente que también se ha denominado "comunidad de indagación o de diálogo" dentro de la literatura de Filosofía para Niños y en la cual se procura el desarrollo del pensamiento motivando a los participantes a buscar "continuamente por debajo de la superficie de la actividad las reglas, razones y criterios subyacentes que dan sentido y sirven para justificar lo que hacen y dicen" (Sharp & Splitter, 1996, pág. 131).

Perspectiva que además de suponer una clara relación con las reglas de la lógica y la argumentación, sugiere caminos para el crecimiento moral de los participantes en tanto que es evidente la preocupación por la reflexión sobre el juicio y principio de las acciones, sobre la formación del carácter y la manera como se forja este en el actuar y el vivir. Para el caso concreto de las poblaciones con las cuales trabajan tanto el grupo BOECIO como el grupo MARFIL, es latente la inquietud por cuestiones referidas al campo ético en tanto su pretensión por procurar el desarrollo de la autonomía a través de ejercicios filosóficos en los que los sujetos aprendan a tomar sus propias decisiones y a resolver críticamente situaciones de la vida cotidiana. Al respecto han sido temas centrales de los talleres: la justicia, el dominio de las pasiones, la libertad, la muerte, la felicidad, entre otros.

Esta noción de comunidad en el trabajo con prácticas filosóficas desde la propuesta de Filosofía para Niños también bebe de la tradición psicológica de Vygotsky (1896–1934) quien, desde su planteamiento acerca de la zona de desarrollo próximo, destaca el carácter social del aprendizaje. Es decir que se atienden las maneras como el sujeto, en constante actividad, integra sus saberes con aquello que es próximo a él, es decir, lo otro o los otros. Relación que no será exclusivamente manifiesta en conocimientos, sino que se expresará en las formas y representaciones que va construyendo el sujeto en todo su ciclo vital. Si bien Vygotsky y la propuesta de Filosofía para Niños (en adelante FpN) darán especial énfasis a los desarrollos de pensamiento en la infancia y a la manera como estos se relacionan con el aprendizaje, la atención de MARFIL y BOECIO por las prácticas filosóficas con población privada de la libertad permitirán validar estos enfoques en el trabajo con sujetos adultos, con jóvenes y adolescentes que se encuentran en condición de marginalidad.

Así pues, las prácticas filosóficas han de ser ambientes sociales en los cuales los sujetos logren hacer públicas sus ideas, al mismo tiempo que reconstruyan tales ideas a partir de una relación reflexiva con otros planteamientos o juicios. Ejercicio que además de suponer una adecuada atención en los giros argumentativos y procesos de pensamiento lógico dará lugar a una ruta dialógica caracterizada por conductas o habilidades sociales como la escucha atenta, el reconocimiento del otro y de lo otro, la cooperación, el trabajo en equipo o la capacidad para analizar e incluso resolver problemas a partir de la interacción con el entorno social.

En el caso del proyecto Marfil, tales postulados son los que han conducido al proyecto a acentuar el carácter dialógico de las prácticas filosóficas haciendo un uso preferencial del concepto *Comunidad de diálogo*. Denominación que no sugiere la eliminación de la indagación o la investigación en este tipo de prácticas, sino que acentúa el propósito social por pensar en relación, sugiriendo la valoración del encuentro con lo otro, el otro e incluso el encuentro consigo mismo.

La comunidad de Diálogo se convierte en un espacio abierto a la comunidad, no es un espacio reducido al aula tradicional de clase, sino la apertura al encuentro con todo aquel que quiera preguntar, narrar, buscar, construir y proponer. El imperativo es buscar que todo aquello que pueda ser pensado sea expresado en el ambiente de la comunidad. (Rojas, Dumett, & Otros, 2016, pág. 28)

La mirada particular de Filosofía para Niños referida a la perspectiva social ha llevado a la identificación del lugar de la comunidad de diálogo más allá de escenarios tradicionales de educación, y la asume como un ambiente favorable para la formación de ciudadanos que interactúan en ambientes diversos de la cotidianidad como el parque, la calle, la empresa, y aun en espacios no convencionales como cárceles, zonas marginadas de las ciudades, comunas, favelas, comedores comunitarios, centros de asistencia social, entre otros. (Rojas, Dumett, & Otros, 2016, pág. 35)

Tal comprensión, ha sido precisamente el resultado de un ejercicio de prácticas filosóficas de varios años con población en condición de marginalidad. En relación directa con población en privación de libertad se destaca el trabajo con menores que para la ley colombiana se encontraban en medida preventiva en una institución con enfoque reeducativo. Dicha experiencia fue precisamente la que motivó al profesor Barrientos para establecer relaciones investigativas con el grupo MARFIL y plantear la aplicación de la investigación *Estudio de la eficacia de la Filosofía Aplicada en Prisión para el desarrollo de las virtudes dianoéticas y éticas* en el territorio colombiano. Invitación que motivó la configuración de un equipo interdisciplinario integrado por filósofos, psicólogos, abogados y trabajadores sociales para emprender un espacio de formación en la aplicación de los talleres BOECIO para una posterior aplicación en centros de privación de libertad en Colombia.

Cabe resaltar que el ejercicio interdisciplinario ha sido una de las mayores riquezas del equipo de Colombia en la investigación BOECIO. Condición que también ha caracterizado el proyecto MARFIL en sus distintas investigaciones. Así lo constata precisamente el trabajo realizado con menores infractores en la ciudad de Bogotá desde donde el carácter interdisciplinario ha llevado a la comprensión de la filosofía más desde una actitud moral en la que se superan los límites disciplinarios en los que tradicionalmente se ha enfocado y se logra una mirada práctica de la misma en la que su propio ejercicio se entiende como una forma de vida, lo que lleva a los profesionales de disciplinas diferentes a la filosofía, junto con las personas que participan de los talleres o comunidades de diálogo (en este caso, población en privación de libertad) a la generación de un acercamiento a una filosofía que posibilita una trasformación de la existencia o a una configuración mucho más ontológica en tanto que el sujeto logra elevarse a un diálogo con lo otro, con el otro y consigo mismo.

… Si bien la filosofía se ha entendido como un saber basado en la pregunta, la curiosidad, la especulación racional, la búsqueda de sentido, ¿qué implicaría una educación filosófica en perspectiva social? En primer lugar, una educación que retome como ámbito fundamental la problematización del conocimiento, la búsqueda de nuevas formas de aprender, el encuentro con los que desean aprender y la búsqueda de nuevos escenarios en los que se pueda aprender a pensar (…) Por un lado se ha conservado la perspectiva tradicional del aprendizaje de la filosofía, al mismo tiempo que se han involucrado nuevos horizontes en los que se desarrollan las prácticas de docentes y estudiantes. Uno de ellos es la apertura de las prácticas de filosofía para niños en un centro de reclusión de menores infractores de la ciudad de Bogotá. Se pueden conjugar así varios de los conceptos de filosofía en Filosofía para Niños; el primero la filosofía como forma de vida que asumen los docentes y estudiantes que han decidido involucrarse en un campo de práctica filosófica en un centro de educación no formal, en el que pueden ayudar a los jóvenes a que piensen por sí mismos, a buscar nuevos cursos de acción para sus vidas, pero ante todo como una experiencia de encuentro con otros seres humanos que piensan y ven la realidad de manera distinta. (Rojas, Dumett, & Otros, 2016: 27)

Así pues, la comprensión de las prácticas filosóficas desde una dimensión más ontológica se identifica como uno de los principales puntos de encuentro entre el trabajo de MARFIL y el de BOECIO en tanto se sugiere el enfoque de las prácticas filosóficas desde una dimensión dialógica relacionada con las comunidades de diálogo de FpN y con el sentido ético del filosofar. Así lo plantea la misma investigación al señalar el uso de "metodologías en el trabajo con grupos e individuos para el desarrollo del pensamiento crítico, para la capacitación para una visión más profunda y sutil y para la conformación de una fortaleza ética en las personas" (Barrientos. 2018).

2. Prácticas filosóficas en contextos de privación de libertad desde una perspectiva de encuentro (Experiencia de Marfil y Boecio)

Como se señalaba anteriormente, el proyecto MARFIL (Marginalidad y Filosofía para Niños) es un espacio formativo al interior de la Corporación Universitaria Minuto de Dios –UNIMINUTO con sede en la ciudad de Bogotá– Colombia desde donde se vienen realizando acciones investigativas, pedagógicas y sociales desde el enfoque de Filosofía para Niños y Ciudadanía Creativa. Su origen data de 2005 cuando se inician reflexiones acerca de la perspectiva social de la propuesta de Filosofía para Niños orientando prácticas y experiencias investigativas de implementación de comunidades de diálogo filosófico con población marginada, dando origen a su nombre MARFIL al relacionar las partículas *Mar* (marginalidad) y *Fil* (Filosofía). Con el tiempo este grupo ha diseñado una ruta metodológica para su apuesta pedagógica y social implementando comunidades de diálogo, al estilo de FpN, con un acento especial hacia tres aspectos del diálogo: el diálogo con lo otro, el diálogo con el otro y el diálogo consigo mismo.

Esta metodología ha sido implementada en distintas comunidades, destacándose su trabajo con menores infractores, niños y jóvenes víctimas del conflicto armado, niños y niñas en condición de VIH, niños y niñas con diagnóstico cáncer, entre otros. Dichas experiencias han sido documentadas en algunas de sus publicaciones y desde las cuales hemos propuesto una articulación con el Proyecto BOECIO.

Por su parte, teniendo en cuenta que BOECIO es un proyecto que se origina en la Universidad de Sevilla (España) interesado en la formación de virtudes morales en los participantes, privilegiando población en privación de libertad y entendiendo la virtud como la búsqueda de los principios que están a la base de la acción y que han de ser justificados racionalmente, procederemos en este apartado a señalar las proximidades del camino metodológico seguido por los talleres BOECIO y el desarrollo de los encuentros para el diálogo que propone MARFIL. Esta relación hará posible señalar las bases para el planteamiento de las condiciones y características de los facilitadores de comunidades de diálogo en ambientes de privación de libertad.

Una categoría filosófica que destacaremos en este trabajo es la de *experiencia*, noción que desde las dos perspectivas ha tomado un fuerte acento ontológico dado su interés en la formación de la persona desde su dimensión integral y en permanente búsqueda por mejorar las condiciones de las personas privadas de la libertad, para un desarrollo superior de su condición crítica, creativa y ética. Como lo afirma Barrientos haciendo referencia a la filosofía aplicada experiencial, su objetivo no es la verdad inferida de premisas sino la evidencia que sustenta y logra un nuevo modo de existencia. Por su parte MARFIL comprenderá dicha *experiencia* como un acontecer del sujeto una vez este se ha encontrado con un texto (lo otro), con otro interlocutor y consigo mismo, a manera de introspección.

Es así que para la ruta sugerida en la Comunidad de diálogo se pretende identificar a ésta como una experiencia en la cual se producen los citados diálogos, generándose un fluir continuo de ideas, percepciones, sentires y saberes que juegan en un ambiente educativo o social, en un movimiento dinámico de contemplación, interpretación y aplicación. (Rojas, Dumett, & Otros, 2016: 40)

Dicha consideración de la *experiencia* en esta dimensión ontológica ha tomado una fuerte influencia en la perspectiva filosófica de Gadamer, en especial en el tratamiento de la experiencia estética. Para este autor la *experiencia* estará relacionada con los modos de ser o del acontecer del sujeto a partir del encuentro con la obra de arte. En este mismo sentido MARFIL ha querido sugerir dentro de las prácticas filosóficas un momento denominado *contemplación* para hacer referencia al acercamiento del sujeto a un texto o a una realidad externa susceptible de ser captada por los sentidos y a su vez comprendida a través de una especie de conversación. Al respecto Gadamer hará referencia a este tipo de relación como el encuentro de dos entidades, no en el sentido de una impuesta sobre la otra, sino en una fusión de horizontes.

> La referencia del texto no se puede comparar, según esto, con un punto de vista fijo, inamovible y obstinado, que sólo planteara al que intenta comprenderlo la cuestión única de cómo ha podido el otro llegar a una opinión tan absurda. En este sentido la comprensión no es seguramente una «comprensión histórica» que reconstruya la génesis del texto. Lo que no entiende es que está comprendiendo el texto mismo. Pero esto quiere decir que en la resurrección del sentido del texto se encuentran ya siempre implicadas las ideas propias del intérprete. El horizonte de éste resulta de este modo siempre determinante, pero tampoco él puede entenderse a su vez como un punto de vista propio que se mantiene o impone, sino más bien como una opinión y posibilidad que uno pone en juego y que ayudará a apropiarse de verdad lo que dice el texto. Más arriba hemos descrito esto como fusión de horizontes. Ahora podemos reconocer en ello la forma de realización de la conversación, en la que un tema accede a su expresión no en calidad de cosa mía o de mi autor sino de la cosa común a ambos. (Gadamer, 1993: 466– 467)

Esta contemplación también será un momento central en los talleres BOECIO al sugerir el uso de piezas artísticas tales como *El jardín de las delicias* de El Bosco, *El beso* de Klimt, *El grito* de Munch, *La persistencia de la memoria* de Salvador Dalí, *Los amantes* de Magritte, *Looking at the sun* de Tapio Junno, *Blue Poles* de Jackson Pollock o *Curva dominante* de Kandinsky, por señalar solo algunos casos. Estas obras son desde las cuales se proponen ejercicios estoicos en los que las categorías *logos*, *ethos y physis*, harán parte de movimientos de reflexión, indagación, autonomía o toma de conciencia de su propia realidad para generar acciones de transformación de esta. Dichos movimientos son cercanos con la triada *"diálogo con el texto, diá-logo con el otro o dialogo consigo mismo"* que señala MARFIL (Carrero Torres, Gallo, Rojas, & Otros, 2018).

Así pues, el paso de la contemplación a la indagación cobrará aun un mayor sentido con la presencia de la *pregunta*, recurso filosófico que en las comunidades de diálogo representa un lugar central y desde el cual se proponen juegos discursivos y altos desarrollos argumentativos. En el caso de Filosofía para Niños tal movimiento de indagación justamente aparece, posterior a la contemplación de un texto, muchas veces de carácter litera-rio desde el cual los participantes son inspirados a continuar el camino de la investigación filosófica que ya han abierto los personajes de los textos. Dicho camino de indagación es el que es alentado a través de planes de diálogo y ejercicios que animan el movimiento intersubjetivo que supone la investigación filosófica.

Es importante señalar que la indagación a la que nos referimos no supone la tradicional correspondencia de saberes ya elaborados por la tra-dición científica y accesible a los participantes de comunidades de apren-dizaje a través de preguntas muchas veces retóricas o de comprensión de lectura. En nuestro caso la indagación surge desde la provocación de sen-tido por los participantes a partir de los detonadores o textos que han sido contemplados. Las preguntas tendrán un carácter exploratorio, pretende-rán analizar y develar conceptos, identificar las condiciones que están a la base de las creencias u opiniones y relacionar los problemas filosóficos con la propia experiencia personal. En suma, se pretenderá superar la *doxa* para llegar al *logos*.

Finalmente, el movimiento de contemplación e indagación sugiere un camino hacia sí mismo en el que el participante no solo ha tenido la oportunidad de discutir con otros, investigando a través de argumentos y razonamientos filosóficos, sino que logrará llegar a un momento pura-mente autónomo en el que se hace eco de los planteamientos y ejercicios realizados llegando a construir sus propios juicios y a hacer conexión con sus propias vivencias, lo que le permitirá incluso tomar decisiones éticas que afectan directamente su historia. Este movimiento es equiparable el diálogo entre la obra de arte y el espectador, en la estética gadameriana.

La obra de arte que dice algo nos confronta con nosotros mismos. Eso quiere decir que declara algo que, tal y como es dicho ahí, es como un descubrimiento;

es decir, un descubrir algo que estaba encubierto. En esto estriba ese sentirse alcanzado. «Tan verdadero, tan siendo», no es nada que se conozca de ordinario. Todo lo conocido queda ya sobrepasado. Comprender lo que una obra de arte le dice a uno es entonces, ciertamente, un encuentro consigo mismo. (Gadamer, 2006: 55—61).

Así, el movimiento de contemplación ha provocado en el sujeto un acontecer de sí mismo en tanto busca alcanzar un nivel mayor de autonomía al revisar por sí mismo el sentido de los problemas filosóficos abordados. Esta salida configurará una dirección puramente creativa materializada en acciones o decisiones muchas veces de carácter ético. En el caso de BOECIO este movimiento será próximo a la perspectiva estoica *Physis* relacionada con la formación autónoma del carácter y expresada en el gobierno de uno mismo o autarquía.

Como una manera de ilustrar el itinerario que plantean las comunidades de diálogo filosófico en la relación BOECIO–MARFIL presentamos a continuación un esquema síntesis que ayudará a considerar posteriormente el rol del facilitador de las comunidades de diálogo filosóficas.

Itinerario de la comunidad de diálogo			
Fase de diálogo filosófico	Diálogo con el texto (Lo otro)	Diálogo con el otro	Diálogo consigo mismo
Propósito	Generar una experiencia de encuentro con un texto o una realidad externa susceptible de ser analizada filosóficamente.	Suscitar una experiencia intersubjetiva mediada por preguntas filosóficas y juegos argumentativos.	Promover una experiencia introspectiva en la cual el participante logre un nivel de apropiación individual en el cual relacione el problema filosófico con su realidad personal.
Categoría filosófica	Contemplación	Indagación	Celebración o participación
Perspectiva estoica acentuada	Ethos	Logos	Physis

Itinerario de la comunidad de diálogo			
Nivel de pensamiento multidimensional acentuado	Pensamiento creativo	Pensamiento crítico	Pensamiento cuidadoso

Nota: la expresión acentuada hace referencia a la consideración de un mayor énfasis en una categoría sin suponer la inexistencia de esta en los demás momentos del itinerario.

3. El rol del facilitador en las comunidades de diálogo en la formación de virtudes éticas y dianoéticas

3.1. Introducción

Ser facilitador de comunidades de diálogo en la formación de virtudes éticas y dianoéticas implica el asumir el rol de movilizar las virtudes intelectuales a partir del proceso de enseñanza, lo que redunda en que el facilitador debe hacer conciencia de que el proceso del estudiante o participante se produce en su dimensión cognitiva, con base en la indagación y la adquisición de prácticas de hábitos y virtudes, haciendo consistencia en sus razonamientos y en que "no se distraiga sin rumbo en aras de los impulsos y los ritmos del placer y el dolor" (Bolaños Vivas, 2018: 12).

Así las cosas, el facilitador debe ser una persona con experiencia, conocimientos y unas cualidades propias que le permitan deliberar frente a lo éticamente acertado y correcto y lo que no, puesto que debe ser capaz de interactuar en un contexto carcelario donde se carecen de límites entre lo que está bien y lo que está mal o que es culturalmente aceptado.

Teniendo presente los aportes de Diego Antonio Pineda, es importante tener presente que para poder desarrollar una comunidad de diálogo el facilitador debe desarrollar ciertas habilidades para poder fomentar una discusión con los partícipes en ella.

Con base en lo anterior, se construyeron las características que debe tener un facilitador retomando la experiencia que tiene el proyecto MAR-FIL de Uniminuto en el desarrollo de talleres de prácticas filosóficas en diferentes contextos de marginalidad. Para la concreción de dicho proceso se realizaron diferentes comunidades de diálogo con los estudiantes y profesores pertenecientes al semillero de investigación *"educación filosófica y creatividad social"* de la Corporación Universitaria Minuto de

Dios donde participan las disciplinas de psicología, filosofía, pedagogía y trabajo social.

A continuación, se presentarán los resultados del proceso de identificación de las características que debe tener un facilitador, que se basa en gran medida en el trabajo realizado con el semillero de investigación mencionado.

3.2. ¿Quién es el facilitador?

En este primer apartado se hará referencia a las características del ser o la ontología del facilitador de comunidades de diálogo en la formación de virtudes éticas y dianoéticas. Inicialmente es importante mencionar que el facilitador puede ser cualquier persona que se cuestione por las cosas esenciales de la vida, pero que, además, haya participado de talleres filosóficos o se haya formado para tal, pues se requiere un saber para el hacer, como se expondrá en el apartado *b*.

El facilitador se preocupa por la inquietud del otro, pues es quien guía e inicia al participante a ocuparse o preocuparse de sí mismo y, además, es un guía que se encuentra a la par con el participante; dicho de otra forma, el facilitador se deja interpelar por las inquietudes del otro, en donde en vez de una relación de poder, plantea una relación de encuentro donde los dos buscan construir un pensamiento crítico a partir de sus inquietudes comunes e individuales.

Por otra parte, el facilitador debe ser creativo y flexible en su actuar, pues entiende que una comunidad de diálogo no puede ni debe considerarse como una clase magistral. El facilitador es aquel que fomenta y facilita el intercambio de las opiniones dentro de un marco de respeto. Así las cosas, el facilitador debe poseer una gran responsabilidad con respecto a las reglas para la realización de una comunidad de diálogo, así como su correcta aplicación, investigación, organización y realización de una estructura tanto con el contenido de la discusión como de la pregunta orientadora, esta última es el elemento clave que permite desarrollar un pensamiento filosófico y de la cual surgirá en comunidad una práctica de cuestionamientos, hipótesis y profundizaciones de temas o situaciones (Rodríguez, 2014).

De esta forma, a continuación, se enumeran características que debe tener el ser que se desempeñe como facilitador, recogiendo aportes de Diego Pineda:

• Tener apertura al otro ¿Puedo pensar cómo tú?
• Tener manejo emocional.
• Tiene presente que su verdad es una más junto a la gran variedad de los demás.
• Ser crítico y autocrítico del saber, saber hacer y saber ser.
• Se cuestiona constantemente sobre su quehacer y práctica filosófica.
• Mantener una preocupación por ser relevante (ajustarse al tema).
• Mostrarse sensible al contexto, a su riqueza y variedad.
• Comprometerse con la indagación.
• Respetar las personas y sus puntos de vista.
• Ser razonables.
• Ser conscientes de la complejidad de los problemas: no pretender resolverlos de un modo fácil.
• Desarrollar hábitos de coraje intelectual, humildad, tolerancia, integridad, perseverancia e imparcialidad.

3.3. ¿Qué debe saber el facilitador?

El principal punto es que el facilitador debe saber que la comunidad de diálogo es flexible y abierta al cambio, en la cual no hay solo una persona que contenga el conocimiento; en este sentido, el facilitador entiende que el conocimiento es construido y que cada participación y opinión hacen parte de esa construcción colectiva y dinámica.

El facilitador es quien ve a los participantes como investigadores, como poseedores de conocimiento y como oportunidad de aprendizaje, más no como un ser vacío al cual hay que llenar; por lo contrario, el facilitador entiende que el participante es un ser activo que aprende de lo que ve y lo rodea constantemente. En esa misma línea, el facilitador debe tener conocimiento de la metodología que se utiliza en las comunidades de diálogo, además de entender la educación filosófica y la misma práctica filosófica como una praxis de formación integral. Es importante considerar que el tratamiento de problemas filosóficos también exige una adecuada comprensión de la tradición filosófica, formación que no se asegura necesariamente con un grado o título en el campo de la filosofía, pero que sí precisa de un buen acercamiento a dicha tradición de manera académica.

A continuación, se enumeran saberes que debe poseer y desarrollar el facilitador tomando en consideración las habilidades de pensamiento planteadas por Lipman y analizadas por Diego Pineda como base en la formación de facilitadores de diálogo.

- Habilidades de razonamiento
- Reconocer inconsistencias y contradicciones.
  - Realizar inferencias a partir de una premisa.
  - Extraer inferencias silogísticas a partir de dos premisas.
  - Extraer inferencias de un silogismo condicional.
  - Conocer las reglas elementales de la estandarización lógica.
  - Realizar generalizaciones apropiadas.
  - Elaborar razonamientos analógicos y evaluar su pertinencia.
  - Reconocer falacias informales.
  - Evaluar razones y distinguir buenas razones de malas razones.
- Habilidades de traducción (o interpretación de sentido)
- Ser capaz de expresar en un lenguaje lógico los razonamientos del lenguaje ordinario.
  - Expresar una misma idea en diversos sistemas de signos (lingüísticos, matemáticos, artísticos, etc.).
  - Desarrollar diversas formas de abstracción, conversión, parafraseo y sustitución de los términos de una lengua.
  - Desarrollar diversas formas de expresar los significados de un idioma en otro idioma.
  - Convertir expresiones simbólicas en expresiones verbales, y viceversa.
  - Hacer conversiones de unos símbolos en otros (gráficos, numéricos, gestuales, etc.).
  - Transformar símbolos en realizaciones, y viceversa.

3.4. ¿Qué debe hacer el facilitador?

Frente a las cualidades prácticas *(Hacer)*, el facilitador dialoga y busca que en sus comunidades el diálogo sea una herramienta reflexiva que interpele en todo momento. En este sentido, el facilitador busca en el diálogo que el participante muestre su yo interior, para así, mediante el preguntar filosófico logre llegar a un examen profundo de sus razonamientos, a un pensar crítico y reflexivo. Siendo consecuente con lo anterior, el facilitador, es consciente que el dialogar debe llevar a un encuentro con el yo, el otro y con lo otro, pues sabe que el sentido del diálogo está en el marco del encuentro. La filosofía debe salir al encuentro amoroso con los otros para construir conocimiento, pues incentiva la reflexión y propicia la apertura emocional.

El facilitador crea un puente de diálogo o comunicación entre la población que integra la comunidad de diálogo, pues lo anterior permite reflexionar sobre la importancia de escuchar, así como brindar ideas de manera respetuosa al otro con relación al dominio del lenguaje. Asimismo, el facilitador promueve competencias lectoras, a partir de las lecturas realizadas en voz alta, lo que posibilita mejorar y desarrollar habilidades lingüísticas tanto orales como escritas.

A continuación, se enumeran algunos haceres que debe caracterizar al facilitador de comunidades de diálogo:

- Escuchar (reflexivamente) a sí mismo y a los otros.
- Hablar (dando razones).
- Leer (con sentido).
- Escribir (expresando pensamiento).
- Entender y evaluar los argumentos propios y de otros.
- Estar atentos para darnos cuenta dónde está el problema.
- Buscar evidencias y probabilidades.
- Corregir el propio pensamiento.
- Esforzarse por ser coherente.
- Manifestar una mente abierta y dispuesta a aprender.
- Ser cuidadoso con los procedimientos de indagación.
- **Habilidades de indagación**
  - Formular preguntas.
  - Identificar los supuestos subyacentes.
  - Examinar las relaciones partes-todo y todo-partes.
  - Saber cuándo evitar, tolerar y utilizar ambigüedades.
  - Tomar en cuenta las consideraciones relevantes.
  - Descubrir alternativas.
  - Construir hipótesis.
  - Anticipar, predecir y explorar consecuencias.

- **Habilidades de formación de conceptos**
- elaborar definiciones de términos.
- Dar y pedir razones.
- Reconocer palabras e ideas vagas y hacer el esfuerzo por clarificar su significado.
- Analizar valores.
- Ofrecer ejemplos y contraejemplos.
- Utilizar criterios relevantes en el análisis de situaciones.
- Hacer distinciones y relaciones entre conceptos.

4. Conclusiones

Facilitar diálogos filosóficos con personas privadas de la libertad en el contexto colombiano implica la comprensión de las apuestas que desde BOECIO y MARFIL se han proyectado en tanto se entiende a la práctica filosófica más allá del aula de clase y en perspectiva de escenarios cotidianos y reales para fomentar el diálogo.

Para BOECIO y MARFIL, las prácticas filosóficas nacen en la cotidianidad de la vida y emergen gracias a la pregunta filosófica sobre los problemas de la existencia, la razón, el encuentro, la hipótesis, entre otros, muy en relación con los planteamientos de Lipman y Sharp. Al respecto, cabe mencionar que las prácticas filosóficas entendidas como ambientes comunitarios o comunidades de indagación (investigación o diálogo), son un excelente motor para el desarrollo del pensamiento, de la ética y de la dianoética, en tanto integra sus saberes con lo otro y los otros, no solo desde posturas individuales, sino también desde la reflexión que se hace en colectivo, siendo necesaria la escucha, el reconocimiento, la cooperación, el trabajo en equipo, la colaboración.

De esta manera, y luego de la amplia experiencia que viene construyendo MARFIL en Colombia, se valida el propósito social de las comunidades de diálogo en el carácter relacional de las mismas, acentuándose en el encuentro con el otro, lo otro y consigo mismo. Así las cosas, la filosofía se revela como forma de vida a partir del encuentro con el otro, lo otro y consigo mismo, transformando la concepción de la existencia desde la ontología misma.

Para BOECIO, como proyecto que busca la formación de virtudes éticas en las personas privadas de la libertad, la *virtud* es la búsqueda de los principios que movilizan la acción y la *experiencia* (formación de la persona de manera integral), desde allí se conecta con la propuesta de MARFIL en tanto supone el desarrollo de la condición creativa, crítica y ética de la persona privada de la libertad, retomando planteamientos de Gadamer, en tanto modo de ser y del acontecer del sujeto. Con lo anterior, encontramos enseguida *la contemplación* o la experiencia del sujeto con un texto o una realidad externa captada por los sentidos, contemplada mediante la conversación, dando brillo a la presencia de la pregunta, como protagonista de las comunidades de diálogo.

De esta manera, la pregunta supone la provocación y la exploración de sentido para los participantes desde detonadores o pretextos que se han contemplado.

El facilitador de comunidades de diálogo se lanza a una experiencia personal y un gran reto, en tanto, gracias a sus recursos individuales, logrará movilizar el pensamiento de los otros y estos a su vez lograrán que luego de discutir con otros bajo argumentos filosóficos, se desarrolle una experiencia puramente autónoma de construcción de sus propios juicios y de la toma de decisiones éticas.

Así pues, el facilitador de diálogos filosóficos debe ser una persona que conecte con ser-saber-hacer. Desde el ser, el facilitador es una persona que se cuestiona y cuestiona con otros, reflexivo y creativo, fomentando el pensamiento por sí mismo y lanzándose a la conversación. Desde el saber, el facilitador debe comprender la pretensión de MARFIL y de BOECIO, en tanto la pregunta es el accionar del diálogo que ahonda al participante en una experiencia de contemplación con el otro, lo otro y consigo mismo y desde el hacer, el facilitador debe lograr que el participante se cuestione y vaya más allá de los conceptos preestablecidos, movilizar las preguntas filosóficas para la generación de nuevas comprensiones de la realidad.

Bibliografía

Arnaiz, G. (2007): "El «giro práctico» de la filosofía", *Diálogo Filosófico*(68), pp. 170–206.

Barrientos, J. (2018): "Justificación del proyecto BOECIO", Universidad de Sevilla, Sevilla.

Barrientos Rastrojo, J. (2019); "Philosophical practice as experience and travel" *Socium i vlast, 4*(78), pp. 29–44.

Bolaños Vivas, R. (2018). *La educación humanista reinterpretada desde la filosofía Eudaimonista-teleológica Aristotélica*, Trabajo de titulación, Universidad Politécnica Salesiana, Quito.

Carrero Torres, C., Gallo, L., Rojas, V., & Otros. (2018): *Caja de herramientas Marfil*, Corporación Universitaria Minuto de Dios, Bogotá.

Gadamer, H. G. (1993): *Verdad y método* I, Sígueme, Salamanca.

Lipman, M. (1992): *Filosofía en el aula*, Ediciones de la Torre, Madrid.

Peirce C. S (1905): "The Nature of Science", MS 1334, Adirondack Summer School Lectures.

Rojas, V., Dumett, S., & Otros. (2016): *Filosofía para niños: diálogos y encuentros con menores infractores,* Corporación Universitaria Minuto de Dios, Bogotá.

Sharp, A., & Splitter, L. (1996): *La otra educación: filosofía para niños y la comunidad de indagación,* Manantial, Buenos Aires.

Mario Raúl Henríquez García

CAPÍTULO 4. EL TRABAJO FILOSÓFICO CON MUJERES RECLUSAS Y HOMBRES CONDENADOS POR VIOLENCIA DE GÉNERO EN ESPAÑA

1. Inicios del proyecto BOECIO en las Islas Canarias de España: "demuestra las palabras con los hechos" (Séneca, 1986: 177)

En febrero de 2020, echaba a andar el Proyecto BOECIO en las Islas Canarias (España) en el Centro Penitenciario de Las Palmas II, uno de los centros que más hombres y mujeres acoge en las islas.

Fruto del trabajo entre el equipo del Proyecto BOECIO y el personal educativo y directivo de la institución penitenciaria, se determinó que el primer grupo de personas con las que desarrollar el proyecto fuese el de las mujeres recluidas en el centro penitenciario.

Uno de los fines que me había propuesto sería mejorar la relación entre las reclusas y el personal de las instituciones intervinientes, debido a que, en entornos tan protocolizados por razones de seguridad, la coordinación resultaba esencial. Otro objetivo sería fomentar la igualdad real y efectiva en el centro y contribuir a una participación activa de las mujeres en el día a día del centro. Las reclusas percibían, en ciertas ocasiones, la desigualdad de género y se quejaban del sometimiento al sistema opresor del machismo. El sistema carcelario está básicamente concebido para los hombres: género que ostenta los mayores índices de criminalidad. Esta situación de desigualdad se agrava en la medida en que la mayor parte de las personas que trabajan en los centros penitenciarios son hombres. Además, el personal no suele disponer de formación suficiente en perspectiva de género. Por último, pretendía acompañar a otros procesos formativos. Según Fernando Esteban (Esteban – Alós – Jódar – Miguélez, 2014), la formación ocupacional del sistema penitenciario solo contribuye moderadamente a la reinserción (laboral) de los reclusos, aunque ayuda a mantener el orden e, indirectamente, a la reinserción de los reclusos. Tal como se entendieron inicialmente los objetivos del proyecto BOECIO (desarrollar el pensamiento crítico, el gobierno de las pasiones y la acción comunicativa), se entendía que podría existir una convergencia que condujese a unir sinérgicamente esfuerzos.

La dirección del centro penitenciario consideró que, si en el Proyecto BOECIO se iba a trabajar el pensamiento crítico, se ayudaría a las internas en la mejora de su toma de decisiones en su vida personal, educativa y profesional (Barrientos, 2020a; 2021).

2. Primeros pasos

Para la puesta en funcionamiento, el personal de las instituciones intervinientes decidió convocar a las reclusas en el salón principal del teatro, el más amplio del centro penitenciario, y compartir la propuesta. Se pretendía con esta acción fomentar la responsabilidad en la toma de decisiones desde un principio y, a través de ello, que comenzasen a hacerse dueñas de su ser autónomo como personas. Como señala Mar Cabezas, se trataba de que entendiesen que " 1) poseen una serie de capacidades, 2) tienen y son conscientes de su identidad, 3) merecen respeto, o 4) tienen dignidad" (Cabezas, 2016: 100).

El día de la presentación fue afrontado por algunas mujeres desde el sentimiento de desidia o rabia: "otro taller más al que nos van a tirar", decían. Sin embargo, otras se mostraron curiosas: "¿por qué filosofía para nosotras?". Finalmente, un tercer grupo se manifestaron ilusionadas, con la "sensación de volver a tener la oportunidad de ir a aquella escuela" que tuvieron que abandonar en su vida, o de "volver a entrar en contacto con la filosofía". Todas esas sensaciones empezaron a cuestionarse con la primera frase que el facilitador pronunció al auditorio: "La filosofía no rechaza ni elige a nadie: brilla para todos" (Séneca, 1986: 266) .

3. Entrando en el escenario principal

Progresivamente, las asistentes fueron interesándose en el plan. Sus cuerpos y sus mentes comenzaban a entrar en serenidad para, más tarde, "dejarse llevar por la experiencia de la filosofía" y, con ella, surgía la persona.

Durante los días posteriores a la presentación, las mujeres debían rellenar por escrito una solicitud manifestando formalmente su decisión de participar en el proyecto. Sin adelantarnos al final, podemos avanzar que la mayoría de las decisiones tomadas en ese momento, fueron sin duda fruto de un acto de parresia(Foucault, 1994: 100-101) , ya que la mayoría de las mujeres se comprometió con el proyecto y con ellas mismas hasta el final del mismo.

El proyecto, al tratarse de un proceso de investigación, requería de un grupo experimental con el que se iban a desarrollar talleres de filosofía y otro de control para el que se dispusieron talleres de inglés.

Las inscripciones a los talleres de filosofía se desbordaron, y hasta se creó una lista de reserva para ir aprovechando las vacantes para otras mujeres. El grupo inicial constituido para los talleres de filosofía fue de quince mujeres. Ciertamente, hubo ausencias debido a permisos fuera del centro, o a causa de la penalización por una mala conducta, o simplemente por estar sumidas en los vaivenes de la ansiedad, síndromes de abstinencia o la depresión. No obstante, aquellas que tuvieron que abandonar por algunos de los motivos anteriores, manifestaban al personal del centro y al propio facilitador filosófico su agradecimiento por haber llegado a formar parte del proyecto durante algunas sesiones, pero que eran conscientes de que "no estaban preparadas" para recibir aún todo el "brillo de la filoso-fía". Quizá, en el futuro, sean las siguientes "filósofas del centro peniten-ciario", ya que así es como eran llamadas las mujeres que participaban. Reencontrarnos en otras personas también es parte del proceso.

Desde el principio, las sesiones filosóficas permitieron que las reclusas comenzasen a ser percibidas como "sujetos morales"; así, se reforzó su concepto de persona y su compromiso con el proyecto. Asimismo, el "sen-timiento de pertenencia al grupo" aportó otro pequeño refuerzo y motivo de satisfacción a las participantes.

Una de las muestras del compromiso de la dirección fue la disposi-ción para las sesiones del salón principal del teatro. Allí, trabajamos en el mismo escenario. Las alumnas fueron conscientes de la importancia que la dirección del centro penitenciario había dado al proyecto, a los resultados esperados y a ellas. En todo caso, hubo momentos en los que por motivos excepcionales derivados del COVID no se pudo disponer del salón teatral y tuvo que hacerse uso de un aula de clase.

Con el pasar de los días iban marchándose del salón con la sensación de haber estado en uno de esos templos de las religiones mistéricas orientales, donde en lugar de haber conocido a la Divinidad, se empezaban a encontrar a ellas mismas. Cada semana tenían un momento y un lugar donde escucharse y escuchar a las demás compañeras a través de un diálogo resonante, y donde ninguna se sentía juzgada cuando compartían sus experiencias, incluso las dolorosas. Por ello, todas fueron comprendiendo la frase de Séneca "el placer que producen otros remedios se alcanza después de la curación; la filosofía es a un tiempo saludable y dulce" (Séneca, 1986: 295).

4. Dentro y fuera del túnel del dolor

Durante muchos años, estas mujeres han intentado escapar del sufrimiento callando sus emociones para sobrevivir a las situaciones de opresión y violencia ejercida por otras personas o por la sociedad. La pobreza y la desigualdad se habían convertido en un hábil demiurgo en ello.

Sin embargo, los primeros talleres, dedicados a trabajar el "gobierno de las pasiones", facilitaron una reconexión con su cuerpo y sus sensaciones. Esto ayudó a comprender mejor sus emociones y pensamientos respecto a las situaciones vividas en el pasado, y en su día a día en el centro penitenciario.

Algunas de las emociones (pasiones) para las que más "entrenamiento filosófico" se requirió, por el hecho de que eran las que más habían estado o estaban aún presentes en sus vidas (cuerpos y mentes apasionadas), fueron la "ira": emoción inicial con la que algunas de ellas solían ingresar en el centro penitenciario. También, padecían desbordamientos debido a la injusticia. Por otro lado, el "miedo" las atenazaba, al ser el centro penitenciario y su organización un contexto nuevo y extraño. Por último, se quejaban de la "tristeza" cuando se hacían conscientes de la separación de sus seres queridos y de los meses o años de condena que aún les quedaban por cumplir.

El intenso entrenamiento semanal de las prácticas estoicas facilitó la comprensión de las situaciones vividas y la representación de una forma más objetiva. Esta capacidad les permitió resignificar su propia historia. Algunas llegaron a la conclusión de que habían sido manipuladas y, por eso, buscaban mecanismos de liberación. A esto ayudaba que, con el paso de las semanas, fueron sintiendo cómo se iban reconstruyendo.

De esta forma, la utilidad y el nivel de compromiso con la práctica de los ejercicios filosóficos y con el proyecto aumentaron. Ítem más, sintieron cómo la comunicación y cercanía con las compañeras se incrementaba: todas llegaron a ser imprescindibles para el resto. Así, cuando eran llamadas para ser llevadas al salón, empezaron a organizarse para facilitar la tarea al personal de seguridad y comenzar con el menor retraso posible el taller. Los encuentros se convirtieron en un lugar donde entrenar el pensamiento crítico en compañía de todas las compañeras. Se percibía en el ambiente la satisfacción de Séneca: "Salto de alegría siempre que recibo tus cartas, pues me llenan de buena esperanza; no sólo me dan ya promesas, sino garantías acerca de ti. Obra así, te lo ruego encarecidamente" (Séneca, 1986: 173).

Las sesiones se convirtieron en un refugio seguro donde empezar a abrirse y para aprender, no solo a partir de la filosofía estoica, sino también a través de las experiencias personales. Era un momento en el que empezaron a verse y reconocerse como seres humanos, y como equipo: el de las filósofas.

Ese grado de autoconciencia y una atención plena e inteligente sobre sus sensaciones, emociones y pensamientos incrementó la responsabilidad respecto al mundo: decidieron mostrarse como seres únicos que eran. Como consecuencia, la gestión del tiempo, en concreto aquel que les quedaba por vivir, hizo que las alumnas empezaran a proponerse nuevos objetivos, la mayoría de ellos relacionados con sus seres queridos.

5. Pandemia entre seres humanos únicos y dignos

El Proyecto BOECIO sufrió de lleno las consecuencias de la pandemia de COVID-19 con confinamientos a nivel nacional intermitentes. Después de cada cierre, los talleres de filosofía disfrutaron de una prioridad tanto para la dirección del centro como para las alumnas, las cuales solicitaban su reinicio lo antes posible.

La pandemia también trajo nuevas oportunidades para seguir entrenando la filosofía estoica, no solo a través de más limitaciones de libertad dentro de los centros penitenciarios, sino también con la oportunidad de seguir mejorando como personas y ayudar a la comunidad. Respecto a esto último, las alumnas se implicaron en el proyecto BOECIO epistolar.

Escribieron un conjunto de cartas, que fueron publicadas en las redes sociales del proyecto y que ayudarían a las personas que estaban sufriendo en el exterior, por primera vez en sus vidas, una situación de pérdida de libertad.

La dirección del centro penitenciario decidió continuar el proyecto con una nueva promoción en uno de los módulos de hombres, en concreto, un módulo calificado como" semi-respeto". Este módulo busca conseguir un clima de convivencia y máximo respeto entre los residentes.

Otros resultados fueron los de las personas que trabajaban en el centro penitenciario. Con extrañeza, preguntaban lo que sucedía dentro del salón teatral, en aquel escenario improvisado como lugar donde brillaban las filósofas recluidas. Los funcionarios no lograban comprender cómo, tras un taller de filosofía, las alumnas salían con un estado de calma, sonrientes, dialogantes o pensativas. Esos comportamientos formaban parte de los resultados esperados en ellas, pero no menos importantes que otros: ser descritas seres humanos únicos y dignos.

6. Cierre y conclusiones

A continuación, se recogen unas palabras que las alumnas manifestaron al finalizar el último encuentro, punto de llegada de lo que supuso para ellas este viaje del Proyecto BOECIO.

Aunque estoy en una jaula (como un pájaro) he logrado gobernar mejor las pasiones, aceptar la situación en lugar de preocuparme por ella y reconocerme a mí misma. También los talleres han supuesto una puerta/libertad a esta jaula.

La filosofía estoica del Proyecto Boecio es muy necesaria en la vida. Hemos aprendido a ser conscientes de las herramientas filosóficas que teníamos en un cajón, y saber sacarlas cuando las necesitemos.

Ahora miro la vida de un modo diferente y actúo diferente.

He aprendido a reflexionar antes de actuar.

Tengo más fundamentos.

Estas sesiones han sido como caricias para el alma. Un punto de partida.

Reconocerme Filósofa. Espero ser una pequeña gran filósofa.

Muy agradecida por todo, me ha ayudado a levantarme.

La vida no es tan compleja si la racionalizas.

Como conclusión, podemos decir que el Proyecto BOECIO significó para las mujeres intervinientes un proceso de reconstrucción personal no solo en el contexto carcelario en el que se desarrolló, sino también orientado hacia un futuro en plena libertad. Esto se debe en gran parte al carácter experiencial de la filosofía estoica aplicada (Barrientos, 2020b, 2021). Hay que subrayar el trabajo realizado con el gobierno de las pasiones, que permitió autorregular y analizar los estados emocionales, sus causas y sus repercusiones, para lograr así una mejora del pensamiento crítico, la comprensión de las situaciones y la toma de decisiones de forma libre y responsable, aportando mayor sentido a su vida pasada, presente y futura. Como dice Séneca: "El soldado en plena paz se ejercita, sin enemigo enfrente levanta la empalizada y se fatiga en trabajos superfluos para poder bastarse en los necesarios" (Séneca, 1986: 169).

Respecto al grupo, la alianza inicial entre las alumnas y de estas con el facilitador, generó la cohesión y sensación de pertenencia necesaria para el diálogo, y en consecuencia el desarrollo de los talleres. También al haberse desarrollado el proceso de forma colectiva, se fomentó la conciencia colectiva creativa que permitió un avance del conocimiento no solo en el campo de la filosofía, sino en el de las experiencias vitales del resto de compañeras, generándose un refuerzo positivo y consciente individual. La sensación de bienestar no solo se experimentaba dentro del grupo, sino también allá a donde iban y con quienes se relacionaban las alumnas.

Agradecimientos

Queremos mostrar nuestro agradecimiento a todas y cada una de las alumnas y filósofas, a las entidades y las personas pertenecientes a las mismas que hicieron posible la implantación del Proyecto BOECIO en las Islas Canarias (España): Universidad de Sevilla (Departamento Metafísica y Corrientes Actuales de la Filosofía Ética y Filosofía Política), Asociación de Mujeres Valentina y Ministerio del Interior del Gobierno de España (Centro Penitenciario Las Palmas II).

Referencias

Barrientos Rastrojo, J. (2019): "Philosophical practice as experience and travel", *Socium i vlast'* 2019. № 4 (78), pp. 29-44.

(2020a): *Filosofía Aplicada Experiencial. Más allá del postureo filosófico*, Plaza y Valdés, Madrid

(2020b): *Tentativas experienciales para la Filosofía Aplicada*, Peter Lang, Berlín.

(2021a): *Hambre de filosofía*, Next Door Publisher, Pamplona, 2021.

(2021b) "La Filosofía aplicada como experiencia de vida: de los talleres de filosofía en las prisiones a la cooperación al desarrollo", *Luces en el camino*, Dykinson, pp. 52-73

Cabezas, M. (2016): *Dilemas Morales: entre la espada y la pared*, Tecnos, Madrid.

Esteban, F. - Alós, R. -Jódar, P. - Miguélez, F. (2014): "La inserción laboral de ex reclusos. Una aproximación cualitativa", *Revista Española de Investigaciones Sociológicas*, 145, pp. 181-204.

Foucault, M. (1994): *Tecnologías del yo*, Paidós, Barcelona.

Séneca, L.A. (1986): *Epístolas morales a Lucilio*, Editorial Gredos, Madrid.